20代で億を稼ぐ!

Real Estate Investment

自己資金ゼロの私が、1年半で年収2億を達成した不動産投資戦略

藤山大二郎 Daijiro Fujiyama

ぱる出版

はじめに

■突然の兄の自殺。人生が激変した

私はいま、東京都港区赤坂のマンションの38階にある自宅の書斎にいます。窓から見える港区の夜景はとても綺麗《きれい》で、「ああ、あの時この光景は全く想像できなかったな……」と物思いにふけながら、形見である時計をつけて、この文章を書いています。

今から4年前。

兄：「大二郎。お前に話したいことがあるんだけど、少しだけ時間を空けてくれないか？
今から東京に向かうので、直接会って話がしたいんだ」

それは広島に住む2つ離れた兄（当時30歳）からの電話でした。

私：「今は仕事が忙しいから無理だよ。夜もお客さんと接待だし。用事があるならメールしといて、じゃあね」

仕事が本当に忙しかったこともあったのと、わざわざ東京までこなくてもメールで済むだろう、とちょっとイライラしながらも冷たくあしらったことを今でもよく覚えています。まさかこの時、これが兄と最後の会話になるとは、微塵も思ってもいませんでした。

1週間後、兄は自宅のリビングで、自ら命を絶ちました。

そして、家族、彼女、友人、知り合い、誰もが必ず持たざるを得ない「助けられなかった後悔の念」。生まれて初めて両親が泣き崩れる姿を見ました。正直この時の感情は、言葉では今でもうまく言い表せられません。私も当時の記憶がなぜか断片的に消えており、少し曖昧な記憶のみです。

書籍にこのことを書くかどうかもとても悩みました。でも、世の中にはきっと近しい境遇やもっと辛い状況、厳しい状況の方もたくさんいると思っています。そんな方へ、少しでも勇気を持って一歩踏み出し、「だからこそ、不動産投資で人生を変えてほしい」という思いをどうしても伝えたくて、本書を書いています。

兄の死後、思い切って3ヶ月間会社を休職しました。私自身は冷静だったのですが、そのまま東京へ帰ると、両親が後を追って死んでしまうんじゃないか、と心配になったからです。

社会人になって7年間。今まで全力で仕事に時間を費やしてきました。長期休暇だって長くて数日も休めば良い方です。数ヶ月も仕事から離れて、ゆっくりとできた時間は本当に久しぶりでした。休職期間中は肩の力がすっと抜けて、兄の死のお陰で自分の人生と真剣に向き合うようになりました。

「人はいつ死ぬかわからない、一度きりの人生。このままずっと会社員でいいのか」
「両親だってあと何年生きるかわからない。後悔しないようにたくさん親孝行して余生を楽しんでほしい」
「家族みんなで、死ぬまで何も困らない豊かな生活をしたい」

休職期間中に、自分の人生をゆっくり見つめ直すことができ、自分に対し、家族に対し、いつしかこんな思いを強く抱くようになりました。いくらお金があっても、時間がないと意味がない。時間がなければ人生を楽しむ余裕もないですし、いつでも実家に帰って思いっきり親孝行をすることもできません。

恥ずかしながら当時の私は毎月の給料を飲み代や旅行など、全て綺麗に使い切るようなダメな浪費家サラリーマンでした。もちろん貯金なんてものは全くゼロの状態です。今思えば、投資の「と」の字すら、知らないド素人だったのです。

■リア充な会社員生活に焦り。不動産投資との出会い

兄が亡くなるちょうど2週間前。私は当時、株式会社ディー・エヌ・エーというmobageや、横浜DeNAベイスターズなどで有名なインターネットベンチャー企業に勤めていました。当時の私は28歳でしたが、猛烈に「何かに焦っている」時期でした。

なぜなら、若い時から起業思考を持ちつつ、新卒で入社した会社の頃から「将来は起業したい」と常に周りに言っていました。23歳で海外勤務を希望し、ジャカルタ勤務を経験したり、若くして勢いのあるITベンチャーを選んで入社したり、全ては将来起業するときのためを、と思って社会人のキャリアを選んできました。

しかし、20代後半になると「将来は起業して成功しような！」と口を揃えて話していた同期たちも、そのへんのサラリーマンと同じように、結婚をして、かわいい子供も生まれ、土日はしっかり休んで家族のために過ごす、というような生活に満足し始めていたのです。確かに仕事も慣れてきて、ある程度の役職や給料が上がってしまうと「このままでも十分楽しいし、会社員は会社員でやりがいもある」というような思いが芽生えてくるのです。

私はこの気持ちにとても「強い焦り」を感じていた時期だったのです。でも、いきなり起業といっても、やることの目処《めど》すらなく、「まずは資金を貯める上でも、副業でも手当たり次第始めてみよう」というような思いで、焦った気持ちをごまかすように、副業に関する書籍を読み漁っていた時期だったのです。

その時、同僚だったOさんとランチでそんな話をしている時に、「営業推進部のMさんが不動産投資やってるらしいよ。話聞いてみたら？」という話になり、このとき初めて、「不動産投資」という存在と出会うことになります。

最初は「リスクが大きい……」と漠然としたイメージがありましたが、不動産投資を知れば知るほど、全身を雷で打たれたような衝撃を受けるばかりでした。当時夢中になって、

３００冊は書籍を購入して読んだと思います。

■20代自己資金ゼロからでも、年収2億円。ストレスのない毎日

不動産投資との出会いと兄の死がきっかけとなり、私の人生はここから大きく変わる事になります。

不動産投資に取り組むと決めてから、あまり時間はかかりませんでした。兄が亡くなってから、会社に復帰した後も、どこか頭のネジが外れたように、毎日朝から晩まで空いている時間は、不動産投資活動に没頭しました。今考えると異常なまでの執着心だったと思います。

当時28歳で、自己資金ゼロ。そこからわずか1年5ヶ月。８棟１００世帯アパートを購入し、家賃年収は３０００万を超えました。そして30歳にしてサラリーマンをリタイアしました。

２０１５年9月にディー・エヌ・エーを退職し、その後は不動産投資関連以外にも複数ビジネスを展開し6社の会社を経営しています。今では年間の収入が2億円を超えるよう

になりました。

これは家賃収入というまやかしの収入ではなく、複数の事業から、税引き前の収入で、2億円を超える報酬を受け取っています。

当時7万円で住んでいた1Kの自宅も、今では10倍以上の家賃となる港区赤坂のタワーマンションに住むことができるようになりました。

移動も電車にはのらず、ストレスなく全てタクシー移動できるようになりました。毎日おいしいものを好きなだけ食べ、何不自由なく、何一つストレスなく、幸せに生活できるようになりました。

そして、兄が亡くなった時に、すごく落ち込んだ両親も、今では私が給料を払い、好きな事をして、ストレスのない、楽しい余生を過ごせるようになりました。

私も実家のある広島へ毎月帰省し、家族全員をおいしい食事に連れていけるようになりました。両親の車も新車でプレゼントし、いつもドライブがてら嬉しそうに、私の物件の見学や掃除をしに行ってくれています。

こうやって、家族が幸せに過ごし、息子として親孝行できるようになったことが「私が不動産投資を始めてよかった」と心から思える理由の一つです。

このような生活ができるようになったのは、全ては不動産投資に出会えたからです。

■人生は一度きり。あなたの人生。本当はどうしたいですか？

不動産投資は、あなたの夢や願い（ゴール）を実現できる、とても再現性の高い投資法（手段）です。人生は一度しかありません。せっかくの人生であれば、悔いのない人生を送るべきです。

そんな「心の中に強く熱い思いを持ちつつも、実現させせる術がなく、悩んでいる方」に、ぜひ本書を読んでいただきたいと思っています。

20代で億を稼ぐ！

自己資金ゼロの私が、
1年半で年収2億を達成した
不動産投資戦略

もくじ

第1章 若いうちから始めると人生は一生楽しめる！

第2章
物件購入時に勝負は9割決まる!
【物件購入戦略編】

第3章

【融資戦略編】金融機関の評価基準を知る！

第4章

【購入後の満室経営編】

決断力のあるリーダーになれ！

第5章

歪みを取れ！売却を混ぜて大きく拡大する！

第6章

20代から不動産投資を始めた私の物件購入記

カバーデザイン▼EBranch 冨澤 崇
図版作成▼原 一孝
本文レイアウト▼Bird's Eye
企画協力▼インプルーブ 小山睦男

第1章

若いうちから始めると人生は一生楽しめる！

01 副業なら、"最初に"不動産投資をオススメする理由

■不動産投資ならではのメリット3つ

私はこれまで株式投資、FX、アフィリエイト、物販など多くの副業を経験しています。26〜28歳時には、情報商材も扱ったネットビジネスにも携わっていたことがあります。しかし、そのなかで安定して上手くいったのは、不動産投資とアフィリエイトだけでした。

それでは最初の副業をするにあたり、なぜ私は不動産投資をオススメするのか。その理由は大きく3つあります。

1つ目の理由は、時間がかからないからです。会社員の方が副業する場合、空いている時間や仕事が終わったあとに行うことになります。私が株式投資やFXをしていたときは、朝からずっと相場を気にしていました。お昼ご飯を食べている時も会議中も、とにかく気になって全く仕事が手につかなかったのです。

また物販も、私は会社員時代にいわゆるECのプロとして業務に携わってきましたが、結局のところ昔ながらの小売業なわけで、インターネットだけでは完結できません。規模が大きくなれば

外注に任せたり、自動化できると思いますが、その仕組み化は不動産投資よりもはるかに難易度が高いです。

ですから物販の場合は、自分で店舗に仕入れに行ったり、商品を梱包して出荷したりするなど非常に手間がかかります。

ほかの副業と比べると、不動産投資は圧倒的に時間がかかりません。物件を購入したり、金融機関を開拓したりするなどの時間はかかります。

しかし買ったあとの運営には、ほぼ手間がかかりません。もちろん満室にするまではいろいろなやり取りが発生しますが、一度満室にしてしまえば、その後に労力がかかることはまずありません。管理会社からたまにメールや電話が来るくらいで、強いていうならお金が振り込まれているかを確認し、通帳に記帳するくらいでしょう。

収入を拡大していこうと思ったときに、「時間を使って稼ぐ」という考え方は捨ててください。とにかく時間がかからない仕組みを最優先につくるのが必須ですし、この考え方はフェーズが変わって事業をつくるうえでも必要不可欠といえます。

2つ目の理由は、自己資金が少なくてもできるからです。

たとえば株式投資の場合、100万円を毎月儲けようと思ったら、最低でも1000万円の元手資金がないと難しいであろうと思います。

しかし不動産投資は、自分のお金を使わずに銀行からお金を借りて勝負ができるビジネスです。

ただ、ここで勘違いしてほしくないのですが、最近は「自己資金ゼロでもできる！」と謳う書籍が増えましたが、自己資金はあるに越したことはありません。ゼロから始めようとする方もたくさんいますが、選択肢がどうしても狭まってしまいますし、交渉力も弱くなります。

とはいえ、そもそも自己資金がないから副業をやるわけなので、そういった方には自己資金が少なくても勝負をできるのは、不動産投資ならではのメリットです。

3つ目は、会社員としての強みを生かせるからです。

もちろん年収が高い経営者、医者、弁護士、会計士などの方は優遇される傾向にはありますが、普通の会社員でも融資を組めるのです。よく「会社員でも年収1000万円以上は必要だ」と言われることがありますが、極論を言えば、年収が低くても、年齢が若くても、自己資金がなくても、不動産投資は必ずできます。

すでに世の中には実にさまざまな投資法が出ていますので、年収が300万円であっても、自己資金が本当にゼロでもスタートすることができます。

もちろん、その後の規模を拡大するスピードに関しては有利・不利があるわけですが、会社員という属性は大きなメリットであることに間違いありません。

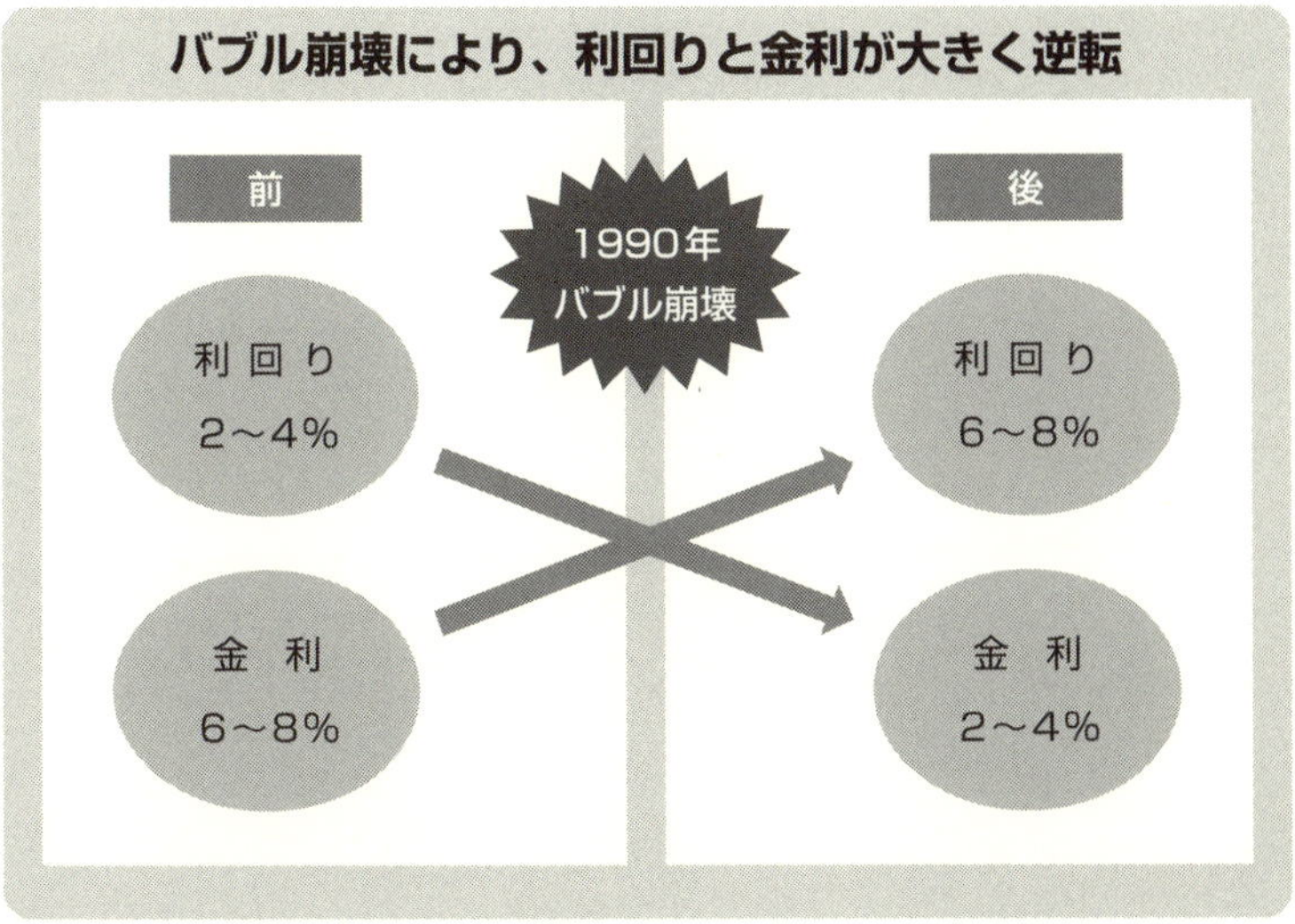

日本の銀行が融資をする際、自営業よりも大手企業に長年勤めることを重視しています。仮に年収が300〜400万円でも、一部上場の会社に勤めていれば、融資を受けて不動産投資を始められます。

「年収が低いから」「自己資金がないから」と最初から諦めず、まずは一歩踏み出していただきたいと思います。

■なぜ今、不動産投資なのか

私が〝今〟不動産投資を強くオススメするのには理由があります。

その理由を解説する前に、まず過去数十年の間に不動産投資市場でどのようなことが起きてきたのかを振り返ってみましょう。

まず、一番の大きな出来事として、「1990年のバブル崩壊」です。このバブルが崩壊するまでは

土地の値段や株価が上がり続けていたわけですが、崩壊を境に一気に急落します。

また、バブル崩壊前後を比較すると、不動産投資の利回りや融資金利も大きく変動しています。崩壊前の融資金利の平均は6～8％、表面利回りはエリアにもよりますが、都内だと平均2～4％でした。

なぜこんな低い利回りだったのかというと、バブル期はとにかく景気が良いので、みんなお金を使いたがります。ですから必然的に不動産価格は需要に応じて上昇していくわけです。不動産価格と賃料は比例して上がるわけではないため、家賃収入が追いつかず利回りが低くなるのです。

当時は金利の支払いのほうが大きいので、インカムゲインは期待できません。では、どのような人が不動産投資をしていたのかというと、中小企業の経営者などが現金で買うわけです。キャッシュで一括購入すれば、金利の高さは関係ありません。どんどん土地が値上がりしていくので、キャピタルゲインを狙った不動産投資が当時の主流だったのです。

とはいえ、バブル期は長くは続かず1990年に崩壊します。すると、それまで6～8％だった金利は、あっという間に2～4％まで下がりました。

急激に金利が下がることは景気が悪くなったことを意味します。つまり国民がお金を使わなくなり、お金を借りられなくなるということです。ですから、金利を安くすることで銀行もお金を貸したいと思ったのです。

ただ、金利が下がったのに合わせて不動産価格も暴落しました。1990年からの数十年間で半分くらいまで落ちたと思います。それは景気が悪くなり、買う人が少なくなったため、値段を下げざるを得なかったからです。

そして必然的に利回りは上昇します。前に書いた話のちょうど逆ですが、不動産価格が半分になっても、家賃は半分にならないからです。

考えてみてほしいのですが、賃貸物件の家賃が10～20年前と比べて大きく下がったのかというと、そんなことは決してないはずです。物件が古くなり家賃が1～2万円くらい下がることはあるかもしれませんが、半分になったというケースはまずないでしょう。

したがって、実は不動産価格が暴落しても、家賃は大きく下がることはないのです。

バブル崩壊後に金利は下がり、物件価格が暴落して利回りが高くなった結果、イールドギャップが逆転することになります。

イールドギャップとは、「利回りと金利の差」のことで、お金を借りて買ったときの利益の指標として用います。たとえば、利回りが8％で金利が4％だと、イールドギャップは4％ですが、利回りが6％で金利が1％だと、イールドギャップは5％なので、後者のほうが投資としては有利であるという考えです。

バブル崩壊前は利回りが低く、金利が高いのでイールドギャップはマイナスです。しかし、崩壊後は利回りが高く、金利が安いのでイールドギャップはプラスです。

何が言いたいのかというと、イールドギャップがプラスの時代では、借金をして不動産投資をしても儲かるということです。

それでは、バブル崩壊前後を踏まえて、今後の不動産投資市場はどうなっていくのかの話をしようと思います。ここでお伝えしたいことは3つあります。

1つ目は、「家賃」についてです。私は、将来的に家賃が下がっていく可能性が非常に高いと思っています。その大きな要因として挙げられるのは、「賃料の透明化」です。

そもそも不動産賃貸業の業界は、まだまだブラックボックスの部分が多いです。1日に2~3件しか内覧せずに物件を決める人も多いのではないでしょうか。実際、ほかの業界と比べると、インターネットの普及レベルはかなり低いと思います。

しかし近い将来、インターネットが普及することで競争は激化するはずです。たとえば、堀江貴文さんも言っていますが、不動産の仲介業という職種自体がなくなる可能性は十分にあります。

今でも仲介手数料が無料の賃貸業者が出てきたり、敷金礼金が無料の物件も多くありますが、それがスタンダードになる日は近いでしょう。

そうなれば引越しの敷居がぐんと下がりますので、みんな自分が好きなところへ引っ越せる時代がくるはずです。その変化に応じて競争が激化するため家賃は下がっていく。それが私の予想です。

2つ目は「金利」についてです。

私は、これから金利がどんどん上がっていくと思っています。ここ何十年の中で、金利は今がもっとも低い時期です。この数年は0~1%台で融資を受けた人もたくさんいることでしょう。

ただ、この状況がいつまでも続くとは考えにくく、今後は上がっていく可能性が圧倒的に高いといえます。金利上昇の傾向はすでに兆しがあり、住宅ローンは2016年10月がもっとも低く、以降は上昇しているデータも出ていますので、順当に考えれば今後も上昇傾向は変わらないでしょう。

3つ目は、「物件価格」についてです。

これに関しては主観的な予想になりますが、私は「今がピーク」だと考えています。「サラリーマン大家」という言葉が流行り始めたのが、リーマン・ショック以降の2009年あたりからですが、あっという間に不動産価格は上がっていきました。

今後、「オリンピックまで上がる」と言う方もいるとは思いますが、不動産価格は金融機関の融資状況に紐づいています。基本的に、銀行が積極的に融資を出せば、みんなが不動産を買えるので価格は上がっていく。一方、融資を引き締められれば不動産を買えなくなるので、不動産の価格は下がっていきます。

2017年4月以降、アパートローンや事業性融資については、各金融機関で引き締め傾向にあります。ネット記事やブログなどで「2017年は一気に物件価格が下がる」とよく言われていましたが、それほど下がっていないというのが私の感覚です。ただ、徐々にではありますが、下がってきているのは感じます。

しかし、今年の3月末に金融庁や金融機関がどういう方向性を示すかによって、大きく変わると思います。それでも今の状況を鑑みると、2018~2020年で物件価格が下がる可能性は大いにあります。

不動産投資を検討している人のなかには、「今は高いから、物件価格が下がるまで待って買いたい」という方も少なからずいると思います。

そこで私は声を大にして言いたいのですが、これから不動産投資を始める人、拡大していく人の場合は、物件価格が下がるのを待っていると、そもそも物件を買えません。

なぜかというと、会社員の人が不動産投資をする場合、フルローンやオーバーローンで融資を引かなければ買えない人が大半だからです。

先ほどイールドギャップの話をしましたが、物件価格が下がるということは、イコール融資が出なくなることなのです。融資が出ないときに買えるのは、一言でいえば、「現金を持っている人」です。

たとえば1億円の物件を買うとき、「2~3割くらいは頭金を入れてください」となります。

自己資金が少ない人にとっては、今始めないと不動産投資をスタートすることはできないと思います。たしかに現状物件価格は高騰していて、しかもこれから下がっていく可能性はありますが、今の利回りや金利を考えると、十分にイールドギャップが取れますので、特に初心者の方はなるべく早く始めましょう。

また、将来的に景気がよくなって銀行がどんどんお金を貸すようになると、バブル期のように金利と利回りが逆転する可能性もあります。そうなると、融資が引けたとしても一切儲からない不動産投資になりかねません。ですから、融資が引けてイールドギャップを取れる今の状況のうちに始めることが非常に大事なのです。

ちなみに、イールドギャップがプラスになる先進国は、世界中の中でも日本くらいです。発展途上国であればイールドギャップがプラスの国はたくさんあるものの、先進国でイールドギャップがプラスになる国は日本以外でほぼないかと思います。実際に、海外からも「まだまだ日本の不動産は割安」と評価されているくらいです。

ここまで、バブル期と今後の不動産投資の市場の予想について話を進めてきましたが、やはりいくら景気が下がろうとも、不動産投資がビジネスとしてなくなる可能性は非常に低いといえます。イールドギャップが取れる今の時代にスタートすることを強くオススメするのです。

■20代で始めた時のインパクト！

私は29歳で不動産投資を始めました。現在、33歳になりますが、29歳のタイミングで始めてよかったと思っています。むしろ、もっと早く始めておけばよかったとすら思っています。

不動産投資は、物件価格が高いとき・低いときにかかわらず、「時間軸」が非常に重要です。結局のところ、いかに「早く始めるか」が最も大切といえます。

「今は相場が高いから始められない」「まだ勉強不足だから、もう少し時間が必要」という人がたくさんいますが、このような人はずっと買えないまま時間だけが過ぎていくタイプです。

もちろん、勉強をすることは大切です。

しかし勉強をするのは、失敗しない行動をするためです。ですから、勉強をするにせよ期限を切って、その後は行動することが肝要です。

これは私の感覚ですが、書籍やセミナーで得られる情報は、実際の経験と比較すれば、1割も満たないと思います。ノウハウ本は充実しているようにも見えますが、本当に重要な部分は書籍には書けないものです。ほとんどの場合では、実際に自分がやってみないとわかりません。

「そんなこと言って、失敗したらどうするんだ！」という声が聞こえてきそうですが、不動産投資は基本的な知識を身につけておれば、失敗することはほぼありえません。

そして、もし何かのトラブルが起きたとしても、大半はカバーできる仕組みが整っています。このあたりの話は後ほど詳しく説明しますが、座学だけでは身につかない、始めなければわからないことが実に多いのです。

早くからスタートすることができれば、その分キャッシュフローを得ることができ、人生を変えることができます。

また、銀行から融資を受ける際に、「○歳までに全額返してくださいね」という完済期間が銀行によって決められてあります。私が取引のある銀行であれば、長くても82歳まで、短いと75歳です。

たとえば、あなたが50歳だとすれば、75歳が完済の上限になり、残り25年しか融資が組めないわけです。しかし、これが20代であれば40年、銀行によってはより長期で組むことができるのです。

借入期間が長くなれば、金利がある分、総支払額は増えます。けれども、毎月の返済額は少なく済みます。不動産投資を始める人にとって何よりも最初に大事なのは、キャッシュフローです。いかに借入期間を長くし、毎月の返済を押さえてキャッシュフローを増やすことができるかがポイントです。債務償還年数などを意識した資産形成は、目標のキャッシュフローを達成した後に行うのがベストだと思います。

このように、年齢が若ければ若いほど、不動産投資を始めるメリットは大きくなります。ぜひ、皆さんも頭でっかちになる前に、少しでも早く一歩踏み出す勇気を持っていただけたらと思います。

02 こんな投資法だけは絶対にやってはいけない！

■気づかずに騙されている人が、多くいるという現実！

私が今回の書籍執筆や不動産投資のサポート業務を行うことになったきっかけは、1つに絞られます。実は、これまで不動産投資のサポート事業を考えてはいませんでした。正直に申しますと、むしろ人の面倒を見るのは避けたいと考えていたくらいです。

というのも、私は自分と同世代の人が集まる大家の会を運営しています。

それは20代だったとき、情報収集に苦労した経験があるからです。ほかの大家の会に行っても、一回りも二回りも年上の人がほとんどです。自己資金がなければ、若い自分はなかなか相手にしてもらえませんでした。

仮に話を聞けたとしても、属性があまりに高すぎるため、自分には再現性がありません。だからこそ、同世代の大家の会を立ち上げたのです。

大家の会を運営するにあたり、多くの方と個別面談をしました。そこで気づいたのは、「過半数が不動産業者やコンサルタントに騙されている！」ということです。

詳しく話を聞くと、どんな名前の業者なのか、コンサルタントなのか一致します。この場で名前を出しませんが、やはり不動産投資業界はブラックボックス化しています。不動産業者や不動産投資家も、誠実そうな顔をしているものの、内心は「自分さえ儲かればいい」と思っているわけです。

私は会社員時代、IT業界にいましたが、「透明性」という言葉を非常に大事にしている会社でした。一方、不動産投資業界はその真逆です。社会人としてのモラルを疑いたくなる人は珍しくありません。

もちろん、業界関係者の全員が悪質だとは思いません。素晴らしい業者さんもたくさん知っています。それでも、業界的には目も当てられない業者が多く蔓延しているのは事実です。どうか皆さんは騙されないでください。

ここからは、私が運営する大家の会に来た人の失敗例を通じて、絶対にやってはいけない投資法について解説をしていきます。

念のため、最初にお伝えしたいのは、「不動産投資に正解はない」ということです。どんな銀行を使えばいいのか、どういう業者からどうやって、どういう物件をいくら借りて買えばいいのかなどに対して、正解は存在しません。また、私自身も「この投資法が絶対によくて、これはダメ」と評価できるような立場でもありません。

これまでの私の経験から「自己資金がない普通の会社員が、不動産投資で会社をリタイアする」という目標を掲げた場合に、「やってはいけない投資法」というのが4つあります。

■やってはいけない投資① 新築区分ワンルーム

1つ目は「新築区分ワンルーム」です。これがすべてダメというわけではありませんが、不動産投資を始めるうえで買ってはいけない物件種別の典型例です。

なぜダメなのかというと、第一に「キャッシュフローが出ない」からです。

ここまで何度も述べてきたように、会社をリタイアするための不動産投資において、初期段階に注力すべきは、とにかくキャッシュフロー（＝インカムゲイン）です。売却益を見据えた戦略も後々は必要になりますが、まず優先すべきはキャッシュフローなのです。

キャッシュフローが出るか否かの判断は、家賃収入と銀行への返済金の比率、つまり返済比率を基準に考えます。もちろん管理費や固都税、修繕費などの運営諸経費や減価償却費の計算などはありますが、もっとも大きな支出は銀行への返済です。

新築区分ワンルームの場合、返済比率が70〜90％の物件がほとんどです。つまり、入ってくる家賃が100だとすれば、その7〜9割は返済で消えていくのです。しかも返済のお金以外にも管理費や修繕積立金がかかってくると、手元に残るのは1割くらいです。

さらに、空室になったら収支は大きくマイナスに転じます。たとえ空室にならなかったとしても、たとえばエアコンが壊れたら持ち出しになってしまうでしょう。

新築区分ワンルームを販売している業者の大半は、以下のようなアピールをしているはずです。

・頭金ゼロです！
・毎月1～2万円のキャッシュフローが出ます！
・（団体信用保険を購入時につけるので）生命保険代わりになります！
・完済する35年後には、家賃収入がまるまる入ってきます！

しかし実際に運営していくと、給料からの持ち出しになってしまうリスクはかなり高いです。ですから、「会社を辞めたい」「数百万円程度のキャッシュフローを得たい」と思っている方は、この投資法だけは絶対にやめてください。

新築区分ワンルームを扱っている業者さんには、営業がうまいという特徴があります。難しい商品を売っているわけですから、クロージングまで持ち込む営業力はかなり高いものです。

かくいう私も不動産投資を始めたころ、会社に営業電話がかかってきたことがあり、面白がって会って話してみたことがあります。実際にどのような営業をしているのか確かめてみたかったからですが、とにかく話がうまいに尽きます。不動産投資でキャッシュフローを得ている私さえも、「割といいんじゃないか？」と思ってしまいそうになったくらいです。だからこそ注意が必要だといえます。

新築区分ワンルームを避けるべき理由には、「キャッシュフローが出ない」以外にもう1つがあります。それは「圧倒的に割高」ということです。

新築区分ワンルームは、不動産の商品の中でも、最も「商品化」されたものです。不動産は料理とよく似ているところがあり、自分で仕入れて、自分で手掛けることで、安く建てることができます。

しかし新築区分ワンルームは、料理の例えで言うと、高級レストランで食べる最上級の食事です。新築区分ワンルームの販売業者が何をやっているかというと、土地から仕入れて開発をして、マンションを建てて、それを分譲して、区分にして、一戸ずつ売っているわけです。

つまり、中間の工程でマージンがとてつもなく上乗せされているのです。加えて、販売するための営業マンの人件費もあります。その全てが乗せられているので、「新築プレミアム価格」とも呼ばれます。

ですから都内の新築区分ワンルームであれば2000万円～3000万円の価格帯が多いと思いますが、実際の評価は1000万円～2000万円ほどなのです。

つまり、「インカムゲインが出る」「保険代わりになる」といった営業トークに乗せられて、1500万円しか価値がない物件を2000万円や2500万円で買っているのです。

これは例えて言うならば、自動販売機で売っている缶コーヒーを1000円で買うようなものです。新築区分ワンルームを販売している業者は、価格設定や原価が周知されていないことをいいことに、高額で販売しているのです。

■やってはいけない投資② 新築シェアハウス×高金利銀行

新築シェアハウス投資は、ここ2～3年である大手会社がサポートし始めたのがきっかけでブームとなりましたが、失敗例が急増している投資法です。

業者さんが土地や建物をパッケージ化して販売していますが、その際、部屋数はかなり細かく区切ることで利回りを高くしています。

たとえば、延べ床200㎡の建物がある場合、20㎡の部屋を10戸つくるよりも10㎡を20戸つくるほうが利回りは圧倒的に上がるわけです、最近では、7㎡や10㎡などの超狭小シェアハウスも増えています。

その一方で、狭小物件のため客付けがしにくいというリスクもあるのです。ただ業者さんは、たとえば「人材派遣会社と協力をしているので、客付けには困りませんよ」「長期一括借り上げで35年は家賃保証します」などの謳い文句を言います。

しかし、新築シェアハウスに限らず、サブリース（一括借り上げ）については、「家賃が保障されなくなった！」などの問題が相次いでおり、なかには訴訟問題まで発展しています。

とはいえ私は、家賃保証という甘い言葉に騙された大家さんにも非はあると思うのです。

そもそも利益を目的にしている一般企業が、「家賃保証をする」ということは、その金額以上に、どこかで利益を抜いて稼いでいるからです。具体的に言うと、建築費で大きく利益を上乗せしているのです。だからこそ、サブリースという仕組みが成り立つわけです。すべてのサブリースが悪いとは言いませんが、9割以上は疑ってかかるべきです。

少し話が逸れましたが、新築シェアハウスのデメリットとして「融資がつきにくい」ことも挙げられます。銀行からは普通の賃貸住宅ではなく「寄宿舎」という扱いになるからです。

ある銀行が積極的に融資を出すようになったせいで、ここ数年は新築シェアハウス投資をする人が増えましたが、金利は高く、3・5～4・5％です。

よくある打ち出しは、「新築木造シェアハウス、都内で利回り8％保障！」といったものです。都内は物件価格が高騰していますので、しかも新築物件ということもあり、高金利でも売れたのです。

しかし、利回り8％で金利4・5％の場合、イールドギャップは3・5％しかありません。

したがって、投資としてはキャッシュフローが出ませんし、固定資産税、運営諸経費、広告費などを払うと、ほぼ赤字になってしまう投資だと思います。

さらに問題なのは、売ろうと思っても売りづらいことです。

先述したとおり、シェアハウスは融資がつきにくいので、もし自身が購入できたとしても、次の買い手が見つけづらく、キャピタルゲインも期待できません。

このような物件を所有してしまうと、次の物件を買うときの足枷になってしまいます。規模を拡大するうえで、銀行はどんな物件を買っているのかを非常に重要視しますので注意が必要です。

■やってはいけない投資③　中間省略業者による割高な再販物件

最初にお伝えしたいのは、中間省略物件がNGなのではなく、明らかな割高物件を中間省略業者によって買うことがNGなのです。中間省略という仕組み自体は問題ありません。

「中間省略」とは、どういうものか説明しましょう。売主がAとして、業者がB、そして顧客をCだとします。通常であれば、AからCに物件を売却するとき、Bは仲介業というかたちで入る代わりに、不動産仲介手数料（物件価格3％＋6万円＋消費税）をもらいます。

たとえば、AからCへ5000万円の物件を売ったとき、Bは150万円＋6万円＋消費税を得るということです。

中間省略とは、AがBに売った同日に、BがCに売る決済をするということです。実際にAからBへ売って、BからCに売っているのですが、Bは登記簿に載らず第三者間取引になります。これを中間省略と呼ぶのです。

この場合、顧客目線で考えると、AからBにはいくらで売ったのか契約書上ではわかりません。

たとえば、AからBに3000万円で売ったけれども、Bがリフォームなどをパッケージにして、C

に対して6000万円で売るわけです。

　ここで注意すべきは、中間省略をする業者さんはできる限り利益を乗せてくる点です。もちろん、安いものを仕入れるのが彼らの仕事なので、適正な利益であれば何も問題はありません。また、最終的にCが相場より割安で買えて、キャッシュフローも出て、キャピタルゲインが狙えるのであれば問題ないでしょう。

　ただし、ここ数年で融資がかなり出るようになったことで、物件価格が高騰しています。ここで悪質な業者さんは、購入者が融資を引けるギリギリの金額まで利益を乗せるのです。つまり、3000万円で仕入れた物件を「この人なら7000万円まで融資が組めるから、限界まで乗せてやろう」と判断するわけです。

　さらに厄介なのは、中間省略を行う業者さんは、高金利であっても融資スピードが速く、限度額が高い銀行と提携している場合がほとんどです。具体的に挙げると、スルガ銀行さんや静岡銀行さんなどです。ただでさえ利益を上乗せされた割高物件を、高金利で買ってしまうと、インカムゲインもキャピタルゲインも狙えない投資法となってしまいます。

　ちなみに、中間省略を行う業者さんは、銀行側も表向きには認めていないため、取引停止になるケースが増えています。

　もし「〇〇銀行さんとは取引していない」という業者さんがいたら疑ったほうがよいでしょう。ただ、このような業者さんは不動産投資の知識も豊富なので、「あなたはこの銀行じゃないとダメですよ」と説明してくるはずです。しかし、そもそもの問題は、中間省略スキームによって割高物件を高金利で買うことです。論点をすり替えて営業トークをされたとしても、絶対に断っていただきたいと思います。

■やってはいけない投資④　1銀行1法人スキーム

「1銀行1法人スキーム」もここ2～3年でブームになった投資法です。

これには賛否両論ありますが、私は否定派の立場から警鐘を鳴らしたいと思います。1銀行1法人スキームとは、文字通り、1つの銀行に対して1つの法人をつくり、1つの物件を買うというものです。

たとえば、A銀行から融資を受ける場合、A法人というペーパーカンパニーをつくり、その法人でA物件を購入するわけです。これ自体は何の問題もありません。

さて、法人への貸し付けには大きく2種類あります。

1つ目は、「事業性融資」というかたちで、その法人の事業や内容、さらにはバランスシートを見て評価し、融資をしてくれます。最初からこちらで融資を組める人はほぼいないと思います。

2つ目は、個人の属性を評価して「みなし法人」とし、何も実績がない新設法人に融資をします。

たとえば、年収が1000万円以上ある、自己資金が潤沢にある人であれば、ペーパーカンパニーの新設法人でも融資をしてくれるわけです。最近では、もっぱらこちらのケースが増えています。

ここで1銀行1法人スキームのリスクを解説しておきましょう。

前に書いたように、A法人をつくり、A銀行から融資を受けてA物件を購入するところまでは問題ありません。

しかし、問題なのは2件目を買う場合です。仮にB物件とする場合、B法人をつくりB銀行から融資を受けるのですが、主債務は法人で組み、代表者本人が連帯保証に入ることになります。

このとき、代表者の連帯保証の情報を個人信用情報機関（全銀協、CIC、JICCなど）に載せない銀行が増えているのです。つまり、B銀行は、A銀行から借り入れしていることを知ることができないのです。

そこで、B銀行にA銀行の債務を隠して「いま私は借り入れゼロですよ」と言う人が出てきたのです。その人は連帯保証が個人の信用情報に登録されないことをいいことに、新たにC銀行でお金を借りるときも、同じく「（A銀行とB銀行から融資を受けているのにもかかわらず）いま私は借り入れゼロですよ」と答えるのです。

前置きが長くなりましたが、1銀行1法人スキームの何がリスクなのかといえば3つあります。

1つ目は、拡大後の出口戦略が不明確ということです。

そもそも不動産投資は、売却してキャピタルゲインを得て初めて利益が確定します。いくらインカムゲインが出ていても、売ってみないと最終的に成功だったかどうかはわかりません。

1銀行1法人スキームで売却をしてキャピタルゲインを得た場合、その金額は法人に入ります。しかし、このお金を諸経費や業務委託などの名目で個人に移そうとしても、もともと売上のないペーパーカンパニーですから、相応の名目がないと税務署もチェックしますし、税金もかかってくるのです。

これが1銀行1法人スキームで拡大していると、同じような現象が法人の数だけ発生します。よくあるのがいくつもの法人を立ち上げて、30億円分の物件を1年間で購入し、家賃収入3億円のメガ大家になったというケースです。

ただ、私はこれがすごいとはまったく思えないのです。たしかに法人の口座にはお金が入るでしょう。しかし、実態のないペーパーカンパニーからどのように個人の口座に資産を動かすの考えている方は少ないように思います。羨ましい点もありますが、私であればやらない投資ですし、資産を移動することでかかる税金を考えると、手残りは少ない投資法だと思います。

2つ目は、1銀行1法人スキームの人は、規模拡大を重視するあまりに、割高で物件を買っている人が多いということです。代表者の連帯保証を個人の信用情報に載せない銀行がかなり限定されており、融資基準が厳しいからです。積算が出ている、築年数が浅いなどの条件がそれなりにあります。そういう物件は希少でもあり、この手の投資をしている方の話を聞くと規模拡大を重視しすぎて、割高なものを買い増している方が大半の印象です。

つまり、キャッシュフローが出る、短期で拡大ができる、メガ大家に一気になれる、といった夢のような言葉に騙されて割高なものを買っているわけです。割高で買っている人の多くは、高値をつかまされたことを数年経たないと気づかないものです。

最初はインカムゲインが出ていれば収支はプラスですから、安心してしまいがちです。しかし、売却を考えると明確な出口がまだ確立されていません。

業者や投資家の言うことを鵜呑みにして、1銀行1法人スキームを短期拡大している人は、こういったリスクもあることを踏まえた上で選択してほしいなと思います。

3つ目は、「銀行に債務を抱えているのを隠していること」です。これこそが1銀行1法人スキームの最大のリスクといえるでしょう。

複数の銀行に対して、債務があることを隠して借り入れをしているわけですから、銀行に気づかれたときのダメージは甚大です。

銀行は複数法人の借り入れをしているか否かをすべて調べることができます。よく1銀行1法人スキームを実践している人に聞くと、「銀行に事実を知られることはない」と言われますが、それは大きな誤解です。

まず、前述した信用情報センター（全銀協、ＣＩＣ、ＪＩＣＣ）に載る可能性があります。法人で借り入れするといっても、代表者が連帯保証になる場合、融資の申し込み時に同意の署名を書くことになります。また、これは金消契約のときにも書いてあるはずです。そして、「個人信用情報センターに照会、登録をします」という同意を必ず得ることになります。

さらにＪＩＣＣは法人名や代表者名、所在地、電話番号などの法人情報も登録対象になっています。ですから、照会する権利は銀行にはいつでもあるのです。

ただ、普通の銀行が不動産賃貸業ではなく、事業資金や設備資金、運転資金などの事業性融資をする場合、照会をかけても登録しない銀行が大半なのです。

しかし、申込書で同意しているからには、いつ登録されてもおかしくありません。「いま載っていないから載らない」と思っている方も多いでしょうが、一度こういう問題が顕在化したら、載せる銀行が急増することでしょう。

実際に、最近ではそのような話も耳にするようになりました。ですから、申し込んだ銀行が信用情報センターを経由して、ほかの連帯保証債務を把握する可能性があるわけです。

また、法人の登記情報についても、「たくさん法人をもっていれば、こちらから言わない限りバレない」と思っている投資家も多いようですが、登記情報は公開されています。帝国データバンクや商エリサーチなどの民間の信用調査会社がデータベース化しています。

特に新設法人の情報はニーズが高いので、たくさんの会社がデータを販売しています。

私もそうだったのですが、法人をつくったら税理士事務所や民間のファクタリングの会社などからDMや書類が届くと思います。なぜ住所や連絡先を知っているのかというと、商業登記を販売している会社からデータを買っているからです。

大手の信用調査会社のシステムを使えば、代表者名から会社検索もできます。

たとえば、自分の名前で検索してもらうと、同姓同名の人を含めて代表になっている法人の一覧が出てきます。さらに法人名をクリックすれば、代表者の住所はもちろん、所有している不動産や設定担保も知ることができます。

また、アットホームなどが連携している法人の登記簿をベースにした「登記簿図書館」というウエブサービスが不動産業界では有名です。

実際に見ていただければわかると思いますが、氏名などから登記情報を検索する「名寄せ機能」というものがついています。「登記簿情報提供サービス」という法務局が提供しているウエブサービスだと、名前からの検索ができないのですが、登記簿図書館では名寄せ機能を使うことで、各法人がどの不動産を持ち、どこの金融機関から、どんな条件で融資を受けているのかを銀行は調べられるわけです。

つまり、繰り返しになりますが、1銀行1法人スキームを使って規模拡大を図っても、銀行から借り入れ状況を調べられる危険があるのです。

銀行にウソの情報を伝えた場合は、詐欺罪に問われる可能性があります。

また、よく「銀行からは聞かれていないから答えなかった」という人がいますが、法律上の責任は問われなくても、期限の利益を喪失される恐れがあります。

期限の利益の喪失とはどういうことなのか。少し説明が複雑になりますが、解説しましょう。

まず、大半の金消契約や約款には「信用不安が生じたときには金融機関の求めに応じて担保や保証人を追加する必要があります」と書かれています。

たとえば、1億円の借り入れしかないと思っていたのに、実は30億円もの連帯保証があることが発覚しました。こういうケースは信用不安にあたり、金融機関の求め、並びに金融機関の主導に沿って共同担保や連帯保証人など担保を追加しなければなりません。

とはいえ、無担保の不動産を十分に持っていない限り、銀行の請求に応じることは困難でしょう。ペーパーカンパニーは事業としての評価もありませんし、連帯保証に入っているということは担保が元々ない（自己資金もない）人がほとんどでしょうから、銀行が「債権の保全を必要とする相当の事由が客観的に認められたとき」という条項に当てはまったと判断した場合、期限の利益を喪失させることができるのです。

もちろん、法人の収益が十分にあって返済ができ、融資金の保全が取れるならば、連帯保証の信用はさほど問題になりません。しかし、少なくとも数年で自己資金を入れずに1銀行1法人スキームで買った人の場合、期限の履歴を喪失される可能性は十分にあります。

すでに銀行に隠して規模拡大をしてしまった人は、法人だけの力で借り入れを維持できるように努力するか、資金力を上げていくしかないと思います。

これは不動産業界に限らず、多くの経営者が口にすることですが、意図的にウソをついて長期継続できる事業など世の中にはありません。現状ではバレていなくても、時間の問題なのです。

私の考えが100％正しいと言うつもりはありませんし、問題が今後も顕在化しない可能性もあります。しかしながら、ここでお伝えしたいのは、あくまで業者のいうことを鵜呑みにせず、自身でしっかりリスクを考慮した上で、判断するようにしましょう。投資は自己責任です。不動産投資の経験者には少なからず賛同してもらえるNGな投資法ですので、皆さんの参考にしていただければと思います。

03 億を稼ぐためのマインドセット

■お金がお金を生み出すという考えを身につけろ

不動産投資で成功するために一番大事なのは、何と言っても「お金をつくるためのマインドセット」です。私は、お金を稼ぐこと自体に大した意味はないと思っていますが、今の環境を変えて、やりたいことをやるためには、お金が必要という現実も必ずあるはずです。

そこで、ここでは私が特に大切にしている5つのマインドセットについて解説していきましょう。

1つ目は、「お金がお金を生み出すという考えを身につける」ということです。

投資家であれば当たり前に感じるかもしれませんが、意外と実践できていない人が多いのです。お金がお金を生み出すというのは、まさにお金に動いてもらうという考え方です。したがって、お金を生み出すものにお金を投資するということを徹底する必要があります。

逆に言うと、お金を生み出さないものへはお金を投資しないということです。

不動産はお金を生み出すキャッシュマシーンなので、投資をしてお金を生み出すもののなかでもわかりやすい投資例であると思います。

ただまったくお金を生み出さない使い方もあります。たとえば、マイホーム、高級車、高級時計などです。マイホームは同じ不動産ではあるものの、一切お金を生み出しません。そこに数千万円のお金を借りて買うというのは、投資マインドとしては明らかに間違っています。

たしかに「死ぬまで一生過ごす住まいを持ちたい」という願望がある人は多いでしょうが、少なくとも最初に買うべきものはありません。お金持ちになってから買えばいいのです。

お金を生み出すという意味でいうと、自己投資も非常に大事です。たとえば、不動産投資の仕組みを勉強する、稼ぐためのマインドを学ぶためにお金を投資することで、知識やノウハウが蓄積されるようになり、実際にお金を生み出せるようになります。

一方で、会社の同僚との飲み代、高級な服・靴などは一切お金を生み出すわけではありません。ですから、これからは不動産投資でキャッシュフローを得ようと思っている人は、まずお金の使い方を根本から変えることが必要です。

■必ず強い気持ちを持って事業に取り組む

2つ目は、「必ず強い気持ちを持って、事業に取り組む」ということです。

ほかの事業でもそうですが、日々のやることといったら、泥臭い、何でもないことが多いわけです。毎日物件チェックをする、不動産業者に資料を問い合わせる、不動産業者に電話して交渉する、買付を入れる、金融機関を開拓してあたる、資料をつくる、物件を見に行くなど、こまめな行動が積み重なって成功に至るのです。

不動産投資は、継続こそが成功の近道です。

たまに、「土日しかやりません」「月に何日かしか見ません」という人もいますが、そういう人が最短で規模を拡大するのは不可能です。とにかく毎日張り付いて、コツコツ継続する。これが成功の秘訣といえます。

ただ継続するにあたって、「なぜ不動産投資をやっているのか」ということを明確にし、「絶対やりきるんだ！」という強い気持ちを持ち続けなければなりません。

不動産賃貸業はおもしろいもので、「いい物件って、どうやったら見つかるのですか？」と質問する人は多くても、物件サイトを毎日見ている人はほぼいません。私がセミナーで聞くと、毎日物件検索している人は、100人中5～6人です。つまり、こういった当たり前のことをするだけでも、100人中で5位か6位に入れるのです。

「物件サイトを毎日見る」という簡単な作業でも、1ヶ月毎日続けられる人は半分くらいでしょう。3ヶ月でさらにその半分となり、半年でさらに半分、1年後にはその半分になっています。

ですから、特殊なスキルや強い営業力、交渉力、頭のよさなどは一切必要ないのです。本当に地道な行動を継続することが大事であり、強い気持ちを持って取り組んでいただければと思っています。

■お金を稼いで、あなたは「何」を成し遂げたいのか

これは私も非常に大事にしているのですが、「お金を稼いで何を成し遂げたいのか」ということを必ず明確にしてください。

私の場合は「時間とお金」を得ることに成功しましたが、では「この時間とお金を使って何をしたいのか」というところまで掘り下げて考えなければなりません。

私が面談で「不動産投資でキャッシュフローを毎月100万円を得たら、何をしたいですか？」と質問したとき、「会社の仕事が辛いので、早く会社を辞めたい」という言う人いるのですが、このような人は絶対に成功しないものです。

そもそも会社を辞めるのが目的（＝ゴール）という人はいないはずです。会社を辞めてから何をするのかというのが、その人の目的になります。

目の前のことに本気で取り組めない人が、どうやって不動産投資で成功できるでしょうか。

まずは仕事を頑張ってください。

会社の仕事が楽しいと思えるようになってください。

私も会社員時代に辛い経験もしてきましたが、会社の仕事は自分の気持ちや取り組み方次第

で何とでもなるものです。簡単にいってしまえば、しっかり仕事を全うすれば評価もされますし、承認もされます。しかし頑張らないと全く評価されませんし、毎日会社へ行くだけで辛い状況に陥ってしまいます。

それでも、自分の心構えを変えて仕事に取り組めば、自ずと仕事が楽しくなるはずです。そうなれば、不動産投資もうまくいく可能性が高いです。人間の脳はうまくできていて、ポジティブに考えているときは寝る時間を削ってもモチベーションは継続するものです。「何を成し遂げたいのか」を明確にしていないと、不動産投資での頑張りもなかなか継続できません。

私は兄を自死で亡くしています。そこから休職をして、家族に対して芽生えた責任感や兄を助けられなかった後悔から、兄のように精神障害を持った人のための社会復帰施設や就業支援を、私の残りの人生で成し遂げたいと決意しました。

加えて、私と同じように不動産投資で成功する人を、一人でも増やしたいと思いました。この2つの目標があったからこそ、休職後に会社へ戻ってからの1年半、猛烈な努力ができたわけです。もし私の気持ちが「なんとなくお金が欲しい」「会社がイヤだから辞めたい」くらいであれば、ここまで頑張れなかったでしょう。

これまで私は不動産投資で成功している著名人にもお会いしてきました。なかには不動産賃貸業ではなく、IT企業を経営し上場させたり、会社をバイアウトして何十億円も持っている、いわゆる死ぬまでお金に困らない人にもお会いできるようになりました。

そのような成功者たちの話を聞いていると、「僕は〇〇をやりたい！」「人生で〇〇を実現したい！」という目標や夢を明確に持っています。「自分は何をやりたいのかな？」「海外にでも住もうかな？」なんて言う人に会ったことがありません。

一度きりの人生、あなたが本当にやりたいことは何ですか？

自分の気持ちに正直になって、考えてみましょう。

口にしてもいいです。紙に書き出してもいいです。とにかく言葉に変えて明確にして、人前でも強く言える気持ちを持ってください。

私は不動産投資を始めてから、必ず年始に筆で目標を書いて、家の至るところに貼るようにしています。人が来たときはちょっと恥ずかしいですが、それを毎日見るだけで頑張れる糧になります。

第2章

【物件購入戦略編】
物件購入時に勝負は9割決まる！

01 まずは不動産投資の基本を学ぶ

■不動産投資は世界最古の投資である

第1章では、これまでの私のストーリーや不動産投資で成功するために必要なマインドについてお話してきました。本章では「物件購入戦略」について解説していきます。

まずは不動産投資の理解を深めてもらうために、基本的な知識をお伝えしましょう（すでに不動産投資の経験がある方は読み飛ばしていただいて構いません）。

ご存じの方は少ないと思いますが、実は、不動産賃貸業は世界で最古の投資といわれています。『チャールズ・エリスが選ぶ大投資家の名言』（日本経済新聞社）には、2500年前の古代ギリシャから不動産賃貸業に近いものが行われていたことが書かれています。

古代ギリシャでは、土地の所有権は境界に埋められた石の杭で管理されていました。もちろん銀行はありませんから、その石には抵当権者の名前や金額、利息などが石に彫られていたそうです。

これは現在もほぼ同じ仕組みで、登記簿上で土地の境界に赤い杭が入っており、土地の情報は法務局によって登記簿謄本でシステム化されていますが、2500年前と同じ管理がされていたということです。また、このときから利息も取っているわけですから、すでに不動産賃貸業が行われていたと考えて間違いないでしょう。

前章で解説したように、ここ数十年を振り返ればバブル期以降、多少の変動はあるにせよ、2500年以上続いている事業なので、いくら少子高齢化や人口減少などの社会問題が起きても、そう易々となくなる可能性が極めて低いといえます。

もしあなたが副業をしようと思ったら、株式投資・FX・物販・アフィリエイトなど選択肢はさまざまでしょう。しかし、これらはどれも100年単位で見た場合、技術発展などの変化により消え失せてしまうリスクが非常に高いのです。ところが、不動産投資はこれだけ歴史と実績があるわけですから、100年単位でなくなることはまずありえない事業と言えます。

■投資家に必要な3つの姿勢

私は、不動産投資家には3つの姿勢が求められると考えています。

1つ目は、「リスクを取る」ということです。

不動産投資を始めようと思って書籍やインターネットで情報を集めていると、「都内23区だと空室に困らない」「駅近だと客付が楽」「新築・築浅が良い」「管理状態が良い物件が良い」などの情報が良く頭に入ってくると思います。

しかし、1つ1つの条件はクリアできるかもしれませんが、まれに書籍ごとの「良いとこ取り」をしていき、全てをクリアしようと、現実的ではない物件を探している方を見ることがあります。そういった条件に該当する物件はもちろん存在しないわけではないのですが、圧倒的に価格が高いわけです。

みんなが欲しいと思っている物件とは、つまり誰も手放したくない物件です。ですから値段が高くなっていくのです。

ただ、前章でも述べたとおり、物件価格が高くなっても家賃収入が大きく比例して上がるわけではありません。つまり、利回りが低くなってしまうのです。

では、利回りを上げるにはどうすればいいのでしょうか？

それは「リスクを取る」しかありません。そもそも投資家とは、「リスクを自ら取り、それを利益に変える職業」だと私は考えています。

たとえば、築年数が経っている、管理状態が悪い、駅から離れているなど普通の人が避けたがる物件を狙うことで、相場よりも安く仕入れることができます。たしかに相応のリスクを背負うことになりますが、安く仕入れた分、高く貸すことができれば利益が出ます。

もちろん、リスクを取るだけなら誰にでもできますし、リスクをカバーできなければ、結果は損失で終わってしまいます。

たとえば、高利回りとはいえ地方の築古物件をたくさん買ったとしても、入居がつかなかったら絵に描いた餅です。ただし、このリスクを何らかの方法で回避できれば高いリターンを獲得できます。

私の投資法でいうと、地方のかなり田舎のエリアでも買っているので、田舎である「空室リスク」を自ら取っている投資ということになります。私が所有しているエリアの平均空室率は、40%とかなり高いエリアです。

しかし、私はほぼ満室稼働させており、昨年の実績ですと稼働率は96%と安定稼働させています。それでは空室リスクをどうやって回避しているかというと、「客付けの知識やノウハウ」によって、リスクを利益に変えているわけです。

つまり、ここでお伝えしたいのは「リスクを取ったとしても、解決できるノウハウをしっかり学べば回避し、利益に変えることができる」ということです。

私が不動産投資のサポートをしているなかで、よく「極力リスクのない投資を始めたいです」と言う人がいます。もしもその人が潤沢に自己資金を持っていれば、そういう言葉が出てきてもいいと思うのですが、お金もない普通のサラリーマンで投資を始めようとする人がリスクを取れなかったら、利益を出せるわけもありません。リスクを取りたくなければ何もしないことです。

少なからず将来の不安や現状の生活から「今の環境を変えたい！」と思っている方が大半のはずです。大きな変化を起こすためには、「リスクを取ること」の考え方はしっかり持っていただきたいと思っています。

ですから、まずは不動産投資のリスクを学んだ上で「投資家として、リスクを自ら取る」という考えがとても大事になるのです。

私が運営している大家コミュニティの中にも、大正築の物件を多く買っている方がいますが、ここまで古いと築１００年や、登記簿謄本を見ても年数不明というような物件がざらにあるわけです。

しかし彼は、利回り20％～30％は当たり前で、中には１００％近い物件もあるくらいです。彼は「築古」というリスクを取りまくる一方で、リフォームやリノベーションを施して客付けする知識やノウハウを持っているからこそ、リスクを利益に変えているのです。

これが本来の投資家としてあるべき姿勢です。基本的な考えですが、「自らリスクをとる」という事は、とても大事な考え方です。最近では不動産投資バブルで「頭金ゼロでも不動産投資で資産◯億円！」「不動産投資で不労所得！」などの言葉に惑わされ、全てを業者に任せきりにして、全く収支が残らない投資をして痛い目を見る投資家が増えてきているように思います。

何度も言いますが、「投資家はリスクを自ら取り、知識やノウハウでリスクを回避し、それを利益に変える職業」です。この姿勢をしっかり身につけるようにしましょう。

2つ目は、「正しい知識を身につける」です。

不動産投資は何千万円、もしくは億単位の借り入れをして収入を得るものなので、最初はギャンブル的なイメージを強く持つ方が多いと思います。

しかし、勉強をすればするほど、非常に手堅い投資だとわかるはずです。

不動産投資のリスクの多くは、知識やノウハウを身につけることでカバーできます。

たとえば、所有しているマンションの貯水槽や浄化槽が壊れたとすると、200万円くらい払って修繕しなければなりません。このとき、何も知識がない人は自腹で全額払うことになりますが、勉強している人であれば「火災保険が使えるのではないか?」と思いつくはずです。

実際、保険の申請に詳しい業者に依頼して申請をして直せば、200万円全額が保険適用になります。つまり、1円も自腹を切る必要がないのです。

このような例は、不動産投資において珍しくありません。だからこそ、繰り返しになりますが、リスクを知ったうえで回避するためのノウハウを勉強することがとても肝要となるのです。

3つ目は、「コミュニケーション能力を高めること」です。具体的にいえば、交渉力や営業力、折衝能力を指します。

不動産賃貸業は、ほかの副業（株式投資やFXなど）と違ってコミュニケーションがとても大事な投資です。

物件を探すときは不動産業者に直接会わないといけませんし、買付を出すときも業者と価格や条件などの交渉をしなければいけません。ほかにも銀行担当者、司法書士、管理会社、保険代理店、リフォーム会社、建築業者、設計士など人を介してやりとりすることが多いのです。

くわえて不動産業界はまだまだ古い体質が残っているので、いまだに「メールはできません。FAXのみの対応になります」という業者や銀行も数多く存在します。ですので、直接会って話さないといけない機会も多くあります。

こういった交渉が苦手な方もいるでしょうが、知識が身に付くにつれて慣れてきますので、臆せず積極的にコミュニケーションを取っていただく姿勢が大事だと思います。

■不動産投資の5つの特性

次に、ほかの副業にはない不動産投資の5つの特性について簡単に解説していきましょう。

1つ目は、値動きが他の投資に比較して緩やかということです。

株式投資やFXと比べて、価値が急落して1日でゼロになることはありません。株式投資ならストップ安が連日続くと、株価が1週間で10分の1になることもよくある話です。つまり、ボラリティが大きい（価格変動が激しい）のです。

最近流行りの仮想通貨はさらに顕著で、数時間で何分の1まで減ることもあります（その逆で、数時間で数倍になることもあるわけですが）。

前章で「バブル崩壊時には、不動産価格が半減した」という話をしましたが、これも10～20年スパンで見てやっと半減というスピード感です。つまり、価値が下がるときも時間を要するため、その間に対策を講じられます。

2つ目は、少ない自己資金で投資ができることです。

これは前章で解説したとおり、不動産投資は銀行からお金を借りる（レバレッジを利かせる）ことで規模拡大ができます。これもほかの副業にはない大きなメリットです。

3つ目は、「追証《おいしょう》」がかからないことです。

追証とは、追加証拠金の略で、株などの信用取引では自己資金分がマイナスになると、自動的に決済されて損失確定になってしまいます。

たとえば、自己資金を30万円、信用取引で70万円、合計100万円分の株を購入したとします。もし株価が下がって自己資金の30万円分マイナスになってしまうと、残りは70万円になります。すると、追加のお金（追加証拠金）を入れない限り、その段階で強制退場させられてしまうのです。

一方、不動産の場合、レバレッジをかけたとしても追加証拠金を取られることはありません。たとえば、1億円の不動産を買った後、市況が激変して価値が5000万円まで下がったとします。しかし、ここで銀行から「不動産を返してください」「5000万円の担保を出してください」と言われることはまずありえません。

ですので、ほかの投資と比較して、長期的な視点で投資活動ができるということです。

4つ目は、入居率の維持をして回る投資であることです。

「不動産投資は追い証がない」と書きましたが、その代わり毎月きちんと返済することが必須です。仮に支払いが2〜3ヶ月遅れただけでもアウトでしょう。

逆に言えば、たとえ物件の資産価値が下がっても、毎月の支払いがきちんと出来ていればいい事業なわけです。つまり、しっかり満室経営することで成り立つビジネスなのです。

5つ目は、経験者が優遇されることです。

これは不動産投資が「投資」としての側面よりも、「事業」という側面が強いのが理由です。

たとえば株式投資と比較した場合、何十億円や何百億円という規模になれば別ですが、初心者よりも経験者が優遇されるということはまずありません。株式の売買にかかる手数料も一律ですし、何かしらの優遇措置があるわけではありません。

これが不動産投資ですと、複数棟所有しているオーナーであれば、諸々かかる諸経費の手数料や懇意にしている業者さんから、仲介手数料を安くしてもらえる可能性もあります。

また金利についても、一般的なアパートローンは2〜4%が多いですが、経験を積んで自己資金が増えたり事業としての実績が出たりすれば、1%以下で借りることも可能になります。

資産背景がよく高属性の方は低金利で始められる方もいますが、属性の低い方でも経験を積んでいければ、金利交渉や事業性融資において好条件で融資を引くことも可能になります。これは、長期で投資を取り組みたいという人にとって、本当に有利な特性だといえます。

よく「初心者は大変じゃないか」と言われますが、初心者と言われるのは最初だけです。私も始めたときは、融資で本当に苦労をしました。住宅ローンならば簡単に組めるのに、不動産ローンになると銀行に回っても、門前払いが続きました。

しかし、今となっては複数の銀行から「お金を借りてほしい」と営業される事も増えてきて、お金を借りるにも少しは優位な立場になってきました。これも賃貸業の経験値が少しずつ上がってきた事により、条件優遇されている例です。

このように不動産投資は経験値が貯まって実績が積み重なるほど優遇されるのです。

■不動産投資の様々なタイプ

ここでは、不動産投資における投資対象を紹介しましょう。

●区分所有

区分所有は大きく分けて、ワンルームマンション・ファミリータイプ・店舗・事務所など、実にさまざまな用途があります。その特徴は、他の投資対象よりも金額が安いこと。小さくても、まずは始めてみたいという初心者向けといえるでしょう。

前章で解説した新築ワンルームマンションを除けば、小さい金額でとりあえず始めてみたい人は、区分から始めるのも良いと思います。たとえば埼玉県の田舎のほうであれば、100～200万円台の物件もあります。借り入れに抵抗がある人は現金購入なども選択肢として考えてもよいでしょう。

銀行員が1件の稟議を上げるとき、100～200万円でも1億円でも、必要な手間はほぼ変わりません。ですから、安すぎる物件で融資を引いて買うには相手にされない場合もあります。

また、土地が共有持ち分（部屋数に割られた持ち分）になるので、積算価値が低くなってしまうこともデメリットといえるでしょう。

●戸建て

戸建ても種類はさまざまで、土地から買った新築分譲もあれば、中古の戸建て、メゾネット形式などがあります。

区分と違って土地も買わなければならないので、区分よりは割高になります。しかし、区分と比較するとそこまで高い家賃が取れるわけではないので、区分と比較して利回りが上がりにくい傾向があります。そのため戸建を投資として実現するなら、前述した通り何かしらリスクや手間を取る必要があります。

「築古のボロ戸建てを再生させる」など、土地から探して自分で企画し、安い工務店で「割安に建てる新築戸建て」など、このような投資は面白いと思います。

価格帯としてもたまに100~300万円くらいの土地値ボロ物件があるので、そういうものを狙って再生させて始めるのも、初心者の方にとって始めやすい投資だと思います。

●一棟アパート

アパートは、不動産投資のメインとなる投資対象です。構造には、木造、鉄骨、RCなどがあり、それぞれ新築・中古に細分化されます。

アパートは、土地も建物も所有権で世帯数が多いため、家賃収入も多い傾向があります。ただし、投資対象として人気のため競争が厳しく、良い物件はかなりのスピード勝負になります。昨今の不動産投資バブルで完全に売り手市場です。そのためよほどの歪みをとったり、何かしらの条件がないと価格交渉しづらい状況になっています。

私が主に投資として取り組んでいるのはここが一番多いですが、お伝えしたように誰もが買える物件は価格交渉もしづらく、割安に買うことが難しくなってきています。そのため、私が買うのは、地方・田舎というリスクをとって「地元での中古一棟物アパート」。もしくは、手間はかかりますが、「自分で企画し、土地から探す新築アパート」が最近の投資対象となっています。

手間やリスクをしっかりとることで、通常より割安に買い（歪み）、利益を高めるようにしているわけです。これも前述したとおり、「リスクを自ら取り、ノウハウや知識で回避し、利益に買える」という内容なわけです。

●一棟マンション

マンションはアパートよりも大きく、構造はRCとSRCが主流です。アパートに次いで不動産投資家に人気になります。マンションとアパートの明確な違いはないと思いますが、4階建て以上の建物をマンションに分類しています。

ちなみに、新築マンションはあまり初心者の投資には向きません。建売の場合は前に書いたとおり、利益が乗せられたマンションがほとんどです。また規模も大きくなるので、その分金額も大きくなります。手付金であったり、諸経費だけでも大きな持ち出しになりますので、手元資金が少ない方はあまり手を出さないようにした方がいいかと思います。

ただ先ほども言ったとおり、マンションを自分で土地から仕入れて建てるなら、利ざやが大きいので悪い話ではありません。

アパートの場合、仮に1億円の物件を20％のせて、1億2000万円で売ると、2000万円の利益が出ますが、マンションの場合は、仮に2億円の物件を20％乗せて、2億4000万円で売ると、利益はかなり大きくなります。つまり、アパートよりもスケールメリットを活かせるのです。

しかしながら、その分レバレッジも大きく、何かあった時の持ち出しやリスクも高いので、自己資金が潤沢にあり、投資経験もある方であれば良いと思いますが、全くゼロからの初心者であればあまりオススメはしません。

また、新築マンションは耐用年数が長いため、減価償却による節税効果が薄いです。つまり、新築マンションだと手元にお金が残りにくいという側面もあります。

一方、中古マンションであればもちろん投資対象になるでしょう。築浅のものであれば、大手の地銀やメガバンクから融資を引き出せる可能性も十分あります。いわゆる「光速不動産投資」のような数年前に流行った積算重視で地方築浅RCをメガバンクや地銀から引き、規模拡大している方も多いですが、ここ数年は積算評価が出る物件はかなり減ってきており、収益性を満たしながらも積算が出る物件を買うというのは絶滅危惧種に近いものとなってきているように思います。

このように、時代とともに取る戦略というのは変わるため、知識やノウハウは常に学び続けないといけないものだと思っています。数年前に出版された書籍に書いてある戦略を鵜呑みにせず、常に情報のアンテナを張って、自分に再現性のある投資法を模索することが大事です。私が今の市況でオススメしている投資手法は、第5章で書いてありますので是非参考にしてみてください。

ただ、積算重視で買う方にありがちな例ですが、前章で申し上げたとおり、融資がつくからといって割高な物件を買うのは絶対にNGです。不動産投資成功の鉄則は「安く買うこと」これだけは徹底してほしいと思います。

●ビル

ビルは、店舗、オフィスビル、テナントビル、雑居ビル、商業ビルなどさまざまですが、貸す相手が法人になる場合が多いため、玄人向きといえます。利回りで考えると、マンションよりも高利回りです。また、日本の法律だと、賃貸物件の場合は入居者に居住権があるため、大家は入居者よりも契約上弱い立場にあります。

一方、テナントの場合は事業者に貸すことが大半のため、契約上は大家のほうが有利なことが多いのです。ただ、規模が大きいため初心者が参入するのは難易度が高く、相場も読みづらいことがデメリットです。また、入居付けにおいても賃貸物件より経験や知識が必要とされます。したがって、ビル投資はやはり上級者向けといえるでしょう。

●土地

土地は、戸建て・アパート・マンションなどの「建築用地」と、「事業用地」や「更地」などが考えられますが、個人投資家が手を出しやすいのは前者の建築用地です。

ただ、建築の知識が必要になるため、ビル同様、中級～上級者向けといえるでしょう。もし土地から仕入れて自分で建てる場合は、斡旋してもらう業者や、サポートしてくれる人がいないと難しいかと思います。

●駐車場

駐車場は収益性が低いものの、よく建築用地を運用するための手段としてつくられます。最近だと、業者に一括借り上げをしてもらいコインパーキングなどを投資として運営する人も増えてきています。

ただ私は、駐車場やコインパーキングは不動産投資としての魅力はあまりないと思っています。理由は、キャッシュフローは出るのですが、建物がないので減価償却が使えず、節税効果が狙えないのです。

このように不動産投資のメリットは実にさまざまですが、その1つとして「減価償却が取れるおかげで、実際にお金は出ていかないのに税金が抑えられてキャッシュフローが残る」ことが大きく挙げられます。この不動産投資ならではのメリットを活かせないマイナス点が大きいと思います。

またキャッシュフローにおいても不動産投資として比較しても潤沢に出るというわけではないですし、建物がないため、あまり積算評価も伸びません。そのため債務をして投資をする場合は、評価が伸びず債務超過となる可能性もあります。

これから大きく拡大していきたい投資初心者の方は、こういった投資もあるという事は視野にいれつつ、不動産投資から始めていくのが良いかと思います。

●トランクルーム

最近、トランクルーム投資はかなり流行っており、私自身も非常に関心がある分野です。トランクルームのメリットは、立地が悪い、土地が狭いなどの条件でも投資として成り立つところです。また市場規模がこれから大きくなる期待できる分野だと思います。

地方のマンションを所有している方でしたら、駐車場1台分のスペースでも空いている場所があれば試しにやってみることもできると思います。

デメリットとして、賃貸物件と比較すると、満室になるまでには時間を要します。一度決まると長く利用してくれるのですが、住居と違って絶対に必要なものではないので、最初は空室期間に苦労することもあると思います。

申し上げたとおり、日本におけるトランクルームの市場規模はまだまだ小さく、今後伸びると言われているので非常におもしろい分野だと思います。

不動産投資の様々なタイプ

区分所有	・ワンルームマンション、ファミリータイプ（新築・中古） ・区分店舗、区分事務所
戸建	・戸建賃貸（土地から買って新築、新築分譲、中古戸建） ・メゾネット（連棟式住宅）
アパート	・木造アパート（土地から買って新築、新築建売、中古）、長屋式住宅 ・鉄骨アパート
マンション	・ＲＣ造、ＳＲＣ（鉄骨鉄筋）、鉄骨造
ビル	・オフィスビル、商業ビル ・ソシアルビル、雑居ビル
土地	・広さにより、戸建、アパート、マンションの建築用地として ・更地のまま値上がりを待って転売（土地転がし）
駐車場	・収益性は低いが建築用地をとりあえず運用するためによく用いる ・コインパーキング業者に一括借上も可能（100円パーク）
トランクルーム	・コンテナ式トランクルームが一般的 ・トランクルーム業者に一括借上も

日本は土地の限られた狭い国ですから、必然と自宅の広さも海外と比較して狭い家なわけです。

アメリカをはじめとする海外では、トランクルームを使っている世帯はかなり多いので、今後の市場変化に期待できるでしょう。

以上が、不動産投資における投資対象のタイプの説明になります。

これから大きく拡大していく初心者の方であれば、小さめのアパート、私がオススメしている土地から探す新築賃貸併用住宅など、銀行借り入れに抵抗がある方であれば、現金買いで、小ぶりの区分や築古戸建などから、経験を積んでいき、その後は必要に応じて大きいマンションや商業ビル、ホテルなど興味ある分野に展開するのがよいでしょう。

02 良い物件、悪い物件を見分けるには

■物件を判断する3つの判断基準

次は、良い物件・悪い物件を見分けるための方法を解説します。

不動産投資では、「物件購入時に勝負の9割は決まる」と言っても過言ではありません。これからお伝えする内容は、この9割に入るための最低限の基礎知識ですので、必ず身につけてください。

物件を選びの際、押さえておくべき3つの判断基準があります。自分の判断基準を明確に持っておくことで、効率的な物件探しが可能になります。とても基本的な考え方ですが、難しい横文字の投資用語よりもよっぽど重要だと思っています。

1つ目は「収益評価」です。

収益が出るのかどうか、儲けの大きさを測るということです。

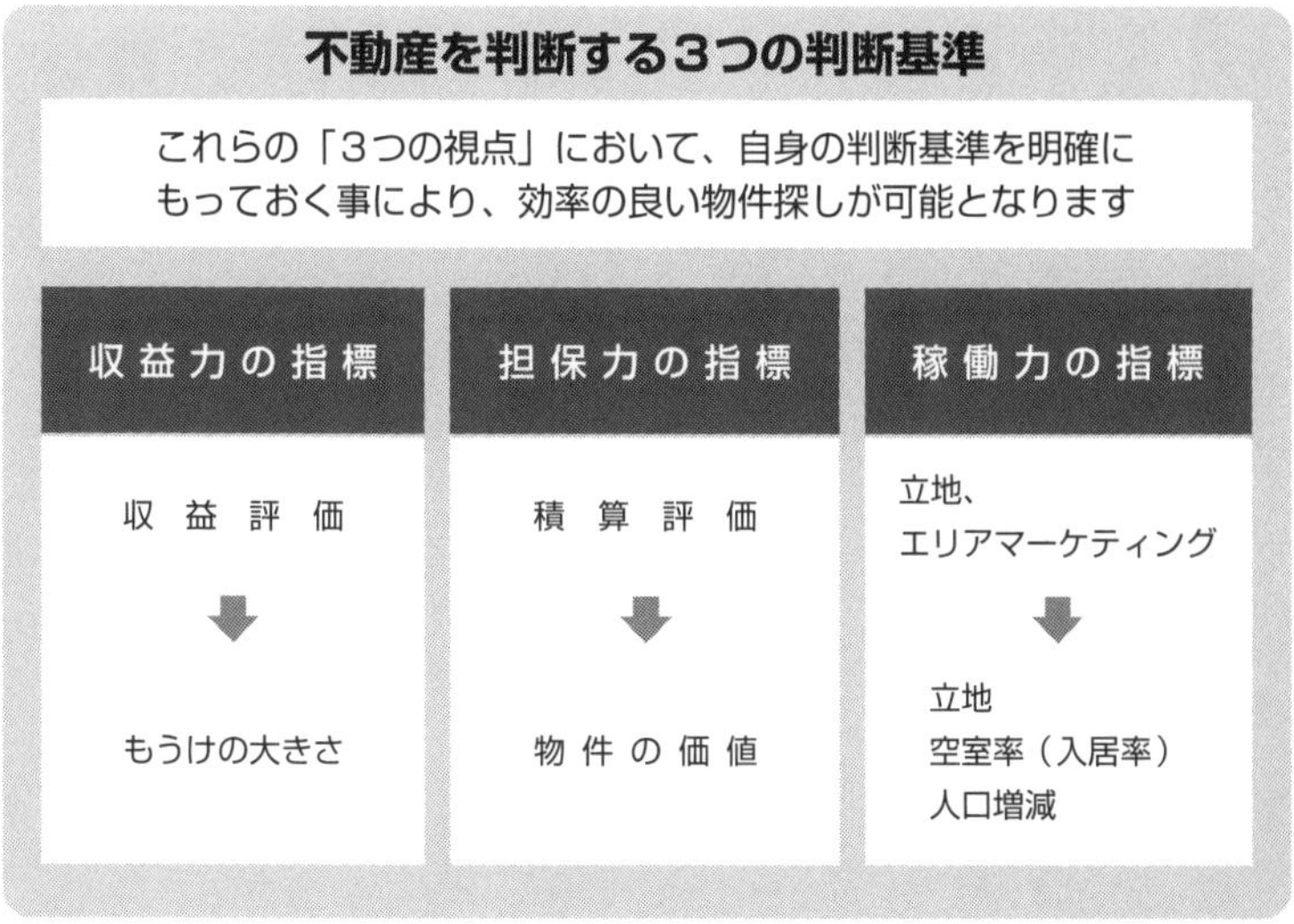

2つ目は「担保評価」です。

仮に入居者が全て空室になって収益がゼロになったとでも、物件の価値がいくらになるのかという不動産自体の担保力の指標を指します。

3つ目は「稼働力」です。

立地、空室率、入居率、人口増減、「物件の稼働する力」などを考慮して、いかに稼働するのかの指標です。

「収益力、担保力、稼働力」……この3つの視点をもって、私は物件探しをしています。

ここからは各指標の詳細な説明に移りましょう。

03 収益力の計算（収益評価）

■キャッシュフローの計算

収益力を測るためには3つの指標を理解する必要があります。

そもそも収益力を測るうえでは、難しそうなシミュレーションがたくさん存在します。ただ正直なところ、儲かる物件というのは見た瞬間に判断できるものです。細かい計算はほぼ必要ないのです。

たまに勉強熱心で、「ＩＲＲが○○で、ＤＣＦで見ると〜」など計算される方もいますが、そういう方に限って微妙な物件買っているケースが見られます。実際にこういうことを細かく試算したあげく、「結果的に、新築1R区分から始めました」と言われた時は思わず笑ってしまいました。

株式投資では、ＲＯＥやＰＥＲなども理解していなければ稼ぐことは難しいですが、不動産投資においてはそういった難しい投資指標を知らなくても利益を出すことは可能です。

ですから儲かるか儲からないか一瞬でわからない物件を、難しい言葉でシミュレーションして買うくらいなら、一目で見て「儲かる!」とわかる物件をスピーディに買っていくべきです。

私も会社員時代はマーケティングの仕事をしていたので、マニアックな収支シミュレーションをするのは非常に得意としています。不動産投資を始めたときは、エクセルでマクロを組んで、さまざまなパターンで各指標の計算が一発でできるシミュレーションシートをつくっていました。

ただ、途中から、「これは、ほとんど意味がないな」と気づきました。

いま私は物件の収益力で見るとき、シンプルに以下の3つだけを重視しています。

1つ目は、「表面利回り」です。これは「物件価格÷家賃収入」で導き出すことができます。経費を無視して単純計算した利回りです。

2つ目は、「実質利回り」です。購入時の初期費用やランニングコストなど、予想できる経費を加味して計算します。

3つ目は「キャッシュフロー」です。これはローン返済、所得税、住民税、法人税などの税金を加味して計算します。

表面利回り、実質利回り、キャッシュフロー。この3つだけ見て、私は収益力の指標を判断しています。

キャッシュフローの計算についてはポイントが3つあります。

次ページの図を見ていただくとわかるかと思いますが、まず家賃収入です。たとえば、1億円の物件で、家賃収入が1000万円だと、表面利回りは10％になります。表面利回りの計算はインターネット上に出ているものを参考にしましょう。

次に実質利回りを計算します。1億円の物件を購入したとすると、まず購入時に諸費用がかかります。不動産業者への仲介手数料、司法書士への手数料、所有権の移転、抵当権の設定、銀行への事務手数料、火災保険、地震保険、不動産取得税、さらに新築であれば表示・保存登記が追加されます。

購入時の諸費用は「物件価格の7％くらい」といわれますが、物件によって異なりますので、物件ごとに細かく計算してください。たとえば1億円の物件なら、諸費用を足して1億700万円に対して、「家賃収入から必要経費を引いた数字」で利回りを算出します。

つまり、家賃収入が1000万円だとすると、管理費用（管理会社への手数料3～5％くらい）、固定資産税、都市計画税、区分の場合は修繕積立金などが年間でかかってきます。

ランニングコストでは、管理会社への管理手数料、水光熱費、固定資産税、都市計画税、清掃費用、リフォームや修繕費用など、特にRCなどの場合は建物管理費用など大きいですし、エレベーターがある場合はメンテナンスや修繕費用なども考慮することが大事です。

キャッシュフローの計算

物件概要／資料から全て計算して、キャッシュフローが基準を満たすか確認する

家賃収入 ＝ **表面利回りの計算**

－必要経費（管理費、修繕積立金、固定資産税など） ＝ **実質利回りの計算**

－減価償却費
－返済利子 ＝帳簿上の利益（確定申告）

－所得税・住民税 ➡ **税引き前利益**

－返済元本
＋減価償却費 ➡ **税引き後利益**

一番重要 ➡ ＝ **キャッシュフロー（現金手残り）**

さらに、空室率を5～10%程度（エリアによって変動します）で計算し、相場賃料をチェックし、レントロールの家賃が正しいかどうかを確認し、高すぎる家賃であれば相場の家賃に引き直してその賃料にして計算します。

いろいろ解説してきましたが、まず母数は購入金額に諸経費がかかるものとして計算し、それを実質収入（家賃収入から必要経費を引いたもの）で割ったものが「実質利回り」ということです。

表面利回りが10%ならば、実質利回りは6～8%くらいになるかと思います。ですから、あまりに諸経費が大きいと実質利回りが下がってしまいますし、想定以上に経費がかからないと上がると思います。表面利回りだけにとらわれず、実態として収支がでるかの実質利回りも計算するようにしましょう。

キャッシュフローはいろいろな意味で使われますが、本来キャッシュフローという言葉は「家賃収入から必要経費（減価償却費や所得税、住民税など）を全て差し引き、所得税や住民税、法人税などの税金支払いを全て加味した上での「税引き後の利益＝キャッシュフロー」だと考えています。

本書で何度も繰り返していますが、不動産投資では結局のところ、キャッシュフロー（税引き後の利益）をいかに手元に残せるかということが最も大事です。

したがって、ここはしっかり計算してください。前頁の図のように家賃収入からまず必要経費を引き、購入時の諸経費も加味した上で計算すると、実質利回りが計算できます。

実は税務上の考え方では、必要経費のなかでは、減価償却費がまず経費として計上されます。不動産は建物の金額を一定の年数で、償却できるようになっています。お金を借りて買っているのでキャッシュアウトはないけれど、減価償却はできる（経費として計上できる）というものです。

また、金融機関へのローン返済は、口座からは一括で引き落とされますが、実態は、返済利子と返済元本に分かれます。税務上、経費にできるのは金利（返済の利子）だけです。ですから、家賃収入から必要経費を引き、減価償却費と金利のみを引いた金額が、帳簿上の利益（確定申告の課税所得）にあたります。

この利益（所得）に対して課税（所得税や住民税、法人であれば法人税）がされます。支払いは毎月銀行から差し引かれるので税金は年度が締まった後に、払うことになるのですが、考え方としてはこの順番です。

確定申告は年に1回ですので、毎月30万円の返済ならば30万円が差し引かれますが、金利しか経費にできないので、返済元本は税引き前の利益から税金を払ったあとの数字から引くことになります。返済元本を引いて、そこに減価償却費をプラスします。

なぜプラスするかというと、減価償却費はキャッシュアウトしないからです。つまり、お金は出ていかないので実際には減っていないわけです。したがって、経費として計上しているものの減価償却費としてプラスをします。これが税引き後の利益になります。

ここのキャッシュフローの税務的な考え方は基本的なものですが、賃貸業で利益を残すためにはすごく重要な内容なので、しっかり理解してくださいね。

賃貸業をしようと思うと、税金を払って手元の残った金額が、最終的な手取りになります。この考え方は、皆さんが会社から給料をもらったときに、すでに所得税や住民税が引かれているのと同じ原理です。

ただ不動産賃貸業を行う場合、皆さんが「事業者」になるので自分で納税する必要があります。ですから、納税したあとにしっかり手残りが出るかということが非常に大事なのです。間違っても、入ってきたお金を使ってしまって、「納税時にお金がない」なんてことにはならないようにしてくださいね。

■なぜ、キャッシュフローが大事なのか

よく、このような広告を目にしませんか？

「家賃収入は月8万円で、うちローン返済が7・5万円です。35年1％でローンが組めますので、なんと毎月5000円の不労所得が手にはいります。さらには生命保険代わりになり、ローン返済後は全て資産になるので、賃料が全て不労所得になります」

これは新築ワンルーム区分のよくある事例なのですが、実はこの5000円はキャッシュフローではないのです。

なぜでしょうか？　実際に計算をしてみましょう。

まず家賃収入の8万円ですが、先ほどお伝えしたようにランニングコストが発生しますので、実際にはもっと少なくなります。

また、金利だけしか経費にできないので、元本4万円で金利が3・5万円だとすると、課税所得は4・5万円になります。この4・5万円に対して、たとえば税率30％だとすると、1・35万円の納税義務が発生します。さらに元本を引かれるので、合計マイナス8500円になります。ここではわかりやすく説明するために減価償却費や諸経費を入れていませんが、それでもマイナス収支になるのです。

「金利だけしか経費計上できない」「減価償却の考え方」などが税務上の基礎知識を持ってい

なぜ、キャッシュフローが大事なのか

こんな広告よく見ますよね？

家賃収入：　8 万円
ローン返済：7.5万円
（35年1％でローンが組めます）

なんとキャッシュフロー：毎月5千円！

実際は？

＋家賃8万円　▲金利3.5万円（元本4万円）
＝所得4.5万円

税引き前　▲税率30％ ➡ 1.35万円の納税
▲元本4万円

税引き後　＝　合計▲0.85万円

ない人はかなり多いものです。

しかし、仮にこの物件を買ってしまったら、毎月お金を持ち出すだけの投資になってしまいます。いかに税引後のキャッシュフローが大事かわかっていただけると思います。

■収益力を測る3つの指標まとめ

ここまで解説してきたように、収益力を測る指標には、「表面利回り」「実質利回り」「キャッシュフロー」があります。

中でも、表面利回りや実質利回りは誰が計算しても同じ数字が出るのですが、キャッシュフローはローンの返済や納税額も加味した数字になるので、人によって変動します。Aさんだったら好条件で融資を引けるからキャッシュフローが大きいけど、Bさんだったら融資条件が良くないためキャッシュフローが全然出ない

ということも往々にしてあります。ですので、繰り返しになりますが、キャッシュフロー（税金支払い後の手残り）が、あなたにとっていくらになるのか計算するのは本当に大事です。

さて、収益力を図る3つの指標を説明しましたが、実践するためには基準を明確にすることが必要です。

まず表面利回りですが、私は物件資料を見て5秒で判断します（大半は資料に書いてあるので1秒もかかりませんが）。

次に実質利回りです。これは購入金額にいくら諸経費がかかるのかという母数を、家賃収入から運営時のコスト（管理費、固定資産税、空室率、区分だったら修繕積立金など）を引いた数字で割って算出します。ここまで30秒、早い人だと10秒くらいでいけると思います。

次にキャッシュフローです。「どこの銀行で、何年、金利何%で融資を引けるのか」という条件を当てはめたうえで、前述した物件の減価償却も引いて金利分だけ経費計上し、残った金額から所得税、住民税を引いて税引き後の利益を算出します。ここまでを1分以内で判断できるようになってください。

では「キャッシュフローがいくらだったらオッケーなのか?」という判断基準はどう決めればよいのでしょうか? これは投資法によって異なるので一概にいえませんが、最低限以下の3つの基準を

収益力を計る「3つの指標」

1	表面利回り（グロス利回り）	経費を無視した、単純計算
2	実質利回り（ネット利回り）	予想できる経費を加味した計算
3	キャッシュフロー（税引後）	ローン返済や納税も加味した計算

明確にしてください。

まず「実質利回りの目標は○%」「キャッシュフローの目標は○円」と決めましょう。そのうえで物件を選別します。もし良さそうな物件が出たら、実質利回り、キャッシュフロー計算と収益性のチェックをしましょう。

不動産投資を拡大するフェーズにおいては、キャッシュフローが出ているかどうかが最も大事です。たとえ担保力があっても、キャッシュフローが出ていなければ意味がありません。

逆に、キャッシュフローが出ていれば、担保が少なくても買ってよい物件もあると思います。ここまでのチェックを、最終的には1分でできるスピード感を身につけてください。

ここ最近は利回りが下落傾向なので、「1億円の借り入れをしたら2～3%のキャッシュフローが出ればいい」という不動産業者がつくりあげた嘘に騙されて買ってしまう人が非常に多くいます。

前項の「不動産投資3つのリスク」でも前述しましたが、この数字を鵜呑みにして物件を買い進めていき、思った以上にキャッシュフローが残らないというのは非常によくあるパターンです。

実際、1億円の借り入れで、2~3%のキャッシュフローだとほとんど利益は出ません。税引後の数字ならまだしも、実際は税引き前の数字で表現されることがほとんどです。

属性が高い方であれば、そのくらいのキャッシュフローでも大規模で投資ができる点は良いかもしれませんが、割高に買っている以上、あらゆるリスクに耐えられる体力がないということです。

限られた資金や属性の中で、「○年で○万円のキャッシュフローを得る」と明確に決めているのであれば、きちんと算出して基準を満たした物件を買うべきです。

04 担保力の評価(積算評価)

■積算評価の計算法

ここからは私が「担保力」を見るうえでの計算を出していきます(他の書籍でも書かれている

積算評価の計算法

不動産の担保評価は通常「積算評価」によって算出されます。
販売価格に対して、占める割合が大きいほど有利な投資
（＝融資が降りやすい）

①	土地	＝	路線価 × 面積 × 掛け目
②	建物	＝	新築価格 × 面積 × 経年劣化
③	合計	＝	①土地 ＋ ②建物

基礎的な内容なので、ご存じの方は飛ばしていただいて構いません）。

不動産の担保評価は、積算評価によって算出されます。

販売価格に対して積算評価の占める割合が大きければ大きいほど、一般的に融資が引きやすく有利な投資になります。

積算評価の出し方は上の図の通り、

土地評価＝路線価×面積

建物評価＝新築価格×面積×経年劣化

この2つを合わせたものになります。

それぞれの計算式について詳しく見ていきましょう。

担保力の評価 ～ 土地評価の手順

土地 ＝ 路線価 × 面積 × 掛け目

1	路線価を調べる	下記HP（全国地価マップ）にアクセスして、該当する土地の路線価を調べましょう http://www.chikamap.jp/
2	路線価と土地の面積を掛け算する（積算する）	例えば「470C」となっていた場合、その土地の面積は1平米あたり470千円（47万円）の価値があるとみなします 例：470千円×120平米＝56,400千円＝5,640万円
3	土地評価の掛け目について	同じ路線価、同じ面積であったとしても、土地の形状や、道路の接し方などにより評価額が変動します

■土地評価の手順

まず土地評価ですが、「路線価」を調べる必要があります。私は「全国地価マップ」というホームページにアクセスして、該当する土地の路線価を調べています。

たとえば路線価が「470C」となっていた場合、「1平方メートル当たり47万円の価値がある」ということを示しています。ですから、仮に土地の面積が120平方メートルだとしたら、土地評価は「47万円×120平方メートル」で5640万円ということになります。

ただ、同じ評価の土地であっても、土地の形状が四角、長方形、整形地のほうが価値は高くなり、逆に歪なかたちだと価値は低くなります。

また、道路の接し方などによっても評価額も変動します。このあたりの詳細は他の書籍

担保力の評価 ～ 建築評価の手順

建　物　＝　新築価格　×　面　積　×　経年劣化

構　造	新築時価格／平米	経年劣化
SRC、RC	200千円	（47－経過年数）／47年
重量鉄骨	180千円	（34－経過年数）／34年
軽量鉄骨	150千円	（22－経過年数）／22年
木　造	150千円	（22－経過年数）／22年

評価対象外となってしまう場合	いわゆる違法建築物件（建ぺい率や容積率をオーバーしている）
評価マイナスとなってしまう場合	大型物件や、新築物件の場合、「確認済証」「検査済証」がない場合、評価減ないし融資不可となることも（※ＲＥＩＴやファンドの購入条件）

やインターネットでも詳しく書かれていますので、参考にしていただければと思います。

■建物評価の手順

建物評価は「新築価格×面積×経年劣化」で算出されます。

新築価格は、構造ごとに平米単価が決まっています。たとえばＲＣだったら、20万円×延床面積です。また、耐用年数も構造によって規定があります。ＲＣは47年、重鉄は34年、木造は22年、軽鉄は22年（もう少し伸びることもあります）です。

また、評価対象外となってしまう例として、違法建築物件（建ぺい率、容積率がオーバーしている物件）が挙げられます。大型の物件や新築物件の場合は、確認済書や検査済書が必要になることも多く、用意できない場合は、評価がマイナスになったり、最悪融資が出ないということもあります。

さて、担保力の金額はいくら以上だったら合格なのでしょうか?

キャシュフローが出ていることが大前提ではあるものの、担保力の基準は投資法によって異なります。私の場合、地方の物件がほとんどなので、全物件において積算価格が購入価格を上回っています。東京だと実勢価格のほうが高いので、売値よりも積算が超えるということはなかなかありませんが、地方の場合は積算が超えやすいという特性もあります。

05 稼働力を5つの視点で見極める

■稼働力を見極める5つの視点とは

収益力も担保力が十分であっても、空室が埋まらなければ収益評価も絵に描いた餅です。しっかり物件の稼働力を見極めることは非常に重要です。ここでは稼働力を見極めるために気をつけるポイントを説明していきます。

①人口流入・流出の視点を持つ

稼働力を見極めるポイントの1つ目は、人口流入・流失の視点を持つことです。

購入物件エリアの市区町村の人口推移や世帯数のデータは、役所のホームページからすべてダウンロードできます。特に私は、人口よりも世帯数をとても大事にしています。これをまず確認して見て、購入エリアの人口や世帯数が増えているのか、それとも減っているのかというのをしっかりチェックしてください。

極端に伸びている・減少しているエリアには何かしらの理由があるものですし、見極めることが大切です。さらにエリアにある主要企業や大学、商業施設などを調べていくと、人口増減の理由などがわかったりします。

たとえば地方エリアの場合、一企業の工場や大学などの賃貸需要に頼っているケースもあり、そこが移転してしまうと厳しいエリアになってしまうこともあります。大半のことはインターネットで調べればわかりますのでしっかりエリアの情報を調べるようにしましょう。

②間取りの人気度についての調査

2つ目は間取りの人気度についての調査も必ず行いましょう。

たとえば、そのエリアは人が増えていても、単身者の需要がなければ、単身向け物件を買っても埋まりません。これはファミリー物件の場合も同様です。つまり、需要と供給のバランスをしっかり読み解くことが大事なのです。

ホームズが運営している「見える賃貸経営（http://toushi.homes.co.jp/owner/）」というサイトがあるので、これを見ていただくとわかりやすいと思います。ワンルームだったら空室率はどれくらいか、間取りの人気度などが把握できます。

前に「人口流入、人口流出の視点を持つ」と言いましたが、人が増えているエリアだから埋まりやすいというわけではありません。求められたエリアに、求められた物件を当て込むことが大事なのです。

実は、一都三県の人気エリアでも、供給過多になっているエリアは珍しくありません。具体的な地名は伏せますが、とある建築メーカーを筆頭に、狭小の新築アパートを極端にそこに供給しすぎて、人気エリアではあるけど、とても埋まりにくいというエリアは存在します。

大切なのは「需給バランス」です。吉祥寺だから、渋谷だから、埋まりやすい、主要駅の近辺だから埋まりやすいなど、短絡的な考えは絶対に避けてください。

逆に、田舎であっても供給が少なければ、常時満室という物件はたくさんあります。私の投資物件がある広島の田舎でも、常時満室の物件が多いエリアもあれば、ガラガラの空室物件ばかりのエリアもあります。

ですから、需要と供給のバランスを見抜くために、しっかり調査することが肝要なのです。

③近隣の商業施設や公共施設から需要を読み解く

需要を読み解くためには、近隣の商業施設や公共施設を調べるのも有効です。公共施設は学校、図書館、病院など、商業施設はスーパーや大型施設などです。私の投資エリアだと、田舎でイオン最強説というのがあります。

地方出身の方はイメージつくかと思いますが、結構田舎の地方エリアにいくとほとんど車社会で電車などの駅近などはあまり関係なく、大型商業施設の周りに需要が偏って集まるようなエリアがあります。何もないので週末もそこくらいしか行くところがないのです。

私の投資エリアも大規模な商業施設があると、その周辺に、週末は渋滞ができるほど需要が高まります。こういった施設情報はネットで簡単に調べられるので、ぜひ確認してみてください。

ここで大事なのは、「そのエリアがどうではなく、入居者イメージができているか」ということです。たとえば、家具とかインテリアを取り扱うニトリは、決していい立地にはないと思います。駅から離れた辺鄙な場所にあることがほとんどだと思います。

しかし、家具を買う人は車で来るため、駅から遠くても何ら問題ないわけです。同じように、物件も需要のある場所にしっかり当て込めば、そのエリアが都会か田舎かというのはまったく意味をなさないのです。

④敷金・礼金の設定を見る

4つ目として、敷金・礼金の設定を必ず確認しましょう。すでに不動産投資をされている方はご存じだと思いますが、敷金・礼金の設定は、不動産業者ではなく大家が自分で決めるものです。

この人口減少時代でも、田舎なのに敷金2ヶ月、礼金1ヶ月というような物件があれば、それは供給が少ないエリアということの裏返しです。

需要が大きく、供給が少ないと、貸し手側が強気になることができます。そうなると、敷金・礼金は高くなる傾向があります。逆に、需要が少なく供給が多いと、空室の物件が増えるので貸し手側も弱気になるわけです。

したがって、需給バランスを把握するときは、敷金・礼金の設定を確認するのがもっともシンプルといえます。たとえば購入予定の物件と近い物件を何件かホームズなどで調査してみるのも一手でしょう。

⑤不動産屋さん（賃貸仲介）にヒアリングを行う

一番手っ取り早い方法として、近隣の不動産屋さん、賃貸仲介の業者さんにヒアリングをするのもオススメです。このときは物件を購入することを前提に話を進めてもよいでしょう。

「○○のエリアに物件を購入する予定です。購入したら管理会社を探そうと思っているので、管理の相談とこのエリアの客付けの話を聞かせていただけませんか？」と電話で相談すれば、親身

稼働力（立地、エリアマーケティング）を見極める

収益性も担保力も問題ない。実際に購入してみると空室ばかりで空室が埋まらない。そうなってしまうと、せっかくの収益評価も絵に描いた餅

1	人口流入超、流出超の視点を持つ（※人口より世帯数）
2	間取りの人気度についての調査
3	近隣の商業施設や公共施設から需要を読み解く
4	敷金、礼金の設定をみる
5	不動産屋さん（賃貸仲介）にヒアリングを行う

に話を聞いてもらえると思います。

大体の賃貸仲介業者は管理も行なっているので、今後お客になりそうだと知れば邪険に扱われることはないと思います。

そのとき、「このくらいの家賃で貸そうと思っているけど決められそうですか？」と間取りを伝えながら質問すると、「その金額だったら十分決まると思いますよ」「このエリア今はこの賃料では勝負できないですね。なぜなら～」など、さまざまなアドバイスをもらえるはずです。

稼働力の調査というのは、インターネットだけで9割がたは完結するのですが、最後の最後は地場の業者さんにヒアリングすることがとても重要です。

目安は、物件近隣で1番栄えている駅（3駅くらい離れていても構いません）にある不動産業者を3～4社に、電話または現地へ見に行った時に

訪問してヒアリングを行います。

実は結構このヒアリングを怠る人は多いです。しかしながら非常に大事ですので、必ず行ってください。こういった当たり前のことを実践するだけで、購入前に買うべき物件かどうかの大切な判断ができます。

慣れてくると物件購入を焦り、地道な調査をしなくなる人がいますが、こういったところで怠った漏れは、後から必ず自分に返ってきます。不動産は「不動」のものであるがゆえに、十分な立地選定が必要不可欠なのです。

■不動産を判断する3つの判断基準（数分で見極める）

ここまで「収益力の指標、担保力の指標、稼働力の指標」の3つを解説してきました。私はそれぞれを1分で判断してほしいと思っています。

収益力の指標では、表面利回り、実質利回り、キャッシュフローの3つを1分で判断できるようになりましょう。

担保力の指標では、積算評価を1分で算出できるようになりましょう。稼働力の指標では、立地、エリアマーケティングを数分程度で判断できるようになりましょう。もちろん電話でのヒアリングまでするともっと時間はかかると思いますし、全く知らないエリアであれば、調査に時間がかかると思います。それでも10分あれば終わる作業ですし購入決断に何時間もかける必要はありません。一度調査したエリアであれば、同じ調査は省けますので、購入判断のスピードを徐々に上げていきましょう。

私は1物件に対して3分程度で見極めるように心がけています。最初は大変かもしれませんが、必ず習慣化させましょう。これで何を見極めるかというと、物件見学へ行くべきかどうか、つまり買うべきどうか、ということです。

なお、この3つの指標に対しての基準は投資法によって異なりますので、自分が信頼しているメンターやコンサルタント業者と一緒に相談して決めてください。

06 物件取得戦略（GOAL）を明確に書き出す

■なぜ不動産投資を始めるのか

ここからは「物件取得戦略」ということで、どんな物件を買うべきか解説していきます。

物件購入するうえで、もっとも大事なのは「融資戦略」です。これまで基礎知識をお伝えしてきましたが、不動産投資で物件を拡大していこうとする方は、必ず信頼できるメンターや不動産投資家を見つけて戦略的に組み立てるようにしてください。融資戦略を一度でも間違えると規模拡大の道が閉ざされてしまうからです。

第1章でも述べましたが、まず不動産投資で成し遂げたいことを明確にしてください。よく「今の仕事が辛いです。すぐにでも会社を辞めたいから、不動産投資で成功したいです」と言う人がいます。しかしながら、正直こういう方で成功した人は見たことがありません。目の前の仕事で実績を残せないのに、不動産投資(事業)で成功は、私の経験上、まずあり得ません。

不動産投資は、立派な事業です。非常に再現性もあり大きな失敗も少ないものの、本当に成功していると呼べる投資家は多くないものです。大半の方は業者に言われるがまま何も勉強をせずに買ったのだろうなという方がほとんどです。

ですので、不動産投資をやっている人の中でも、利益が出ているか出ていないかは、人によって差があるわけです。たとえば、10億円の物件を買って1億円の家賃収入があるのに、貯金が1000万円以下、みたいな人はたくさんいます。もちろん流動資産は潤沢にあって他に投資しているのであれば良いですが、そうではないわけです。

このような状況に陥る人は、往々にして「不動産投資で何を成し遂げたいか」が不明瞭なです。なぜ、不動産投資をやるのか。そのためには不動産投資でどのくらいの規模やキャッシュフローが必要なのか、これが明確であれば業者に任せきりにして、失敗するようなこともないはずです。

■いつまでにどういう状態をゴールにするのか

目標を決めたら、次は「いつまでにどういう状態を、不動産投資のゴールにしたいのか」を明確にしてください。たとえば、「3年でキャッシュフローが1000万円ほしい」としっかりと目標設定を決めるということです。

■目標と現状のGAPを明確に

次に、その状態に届くための物件規模を把握してください。たとえば、年間1000万円のキャッシュフローを目指すにあたって、自分の属性だったら、どういう金融機関が使えるのか、を洗い出しましょう。

そのうえで、どういう順番、どの時期に、どういう物件をどういった投資戦略で買っていくのかを組み立てます。いまの自分と目標とのギャップをしっかり把握し、ギャップを埋めるための道筋を決めていくわけです。

そこが明確になって、初めて初手となる1棟目の物件探しを開始できます。これが不明確なまま、なんとなく物件を探し出すと、気付いたら目標への道筋がずれてしまう、なんてことが往々にして起きるわけなのです。

必ず最終目標と今のギャップを出して、そのギャップを埋めるために、信頼できるメンターや相談できる不動産投資家を見つけて、一緒に戦略を組み立ててください。

07 物件探しから購入申し込みまで

■不動産投資の購入サイクル

次に不動産を購入するまでのサイクルを解説しましょう。

まず、不動産を買うまでには地道な行動が大切です。「優良物件が、運良く舞い込んでくる」なんてことはありません。

物件取得するためには、物件検索、現地調査、購入申し込み、売買契約、融資申請、金消契約、決済、リフォームまたはバリューアップ、賃貸、賃貸管理、所有継続、売却と一連の流れを辿ります。ただ、ここでお伝えしたいのは、1物件を決済するまでに、大変な労力がかかるということです。よく不動産用語で千三つという言葉を使います。「千に3つくらいしか仕事にならない」とい

不動産を１件購入するまでのサイクル

良い物件を買うためには、地道な行動が大事です。良い物件がたまたま舞い込んでくるなんてことはないのです。（物件探しの習慣化が大事）

物件の取得	・相続による取得 ・購入による取得	
物件検索	・シミュレーションを行いながら数値面での妥当性を探る ・見込み有りは即、図面を取り寄せる習慣をつける	1000
現地調査	・物件の立地、需要の調査 ・物件自体の現況調査（構造、瑕疵の有無、入居、周辺）	100
購入申込 ～ 売買契約	・購入意志を書面で伝える＋価格交渉 ・金額面でまとまったら売買契約書、重説の締結	10
融資申請 ～ 金消契約	・融資申請書の作成、銀行回り ・返済期間、金利、金額を交渉の末、金銭消費貸借契約	3
決済	・代金の引き渡しによって取引完結 ・所有権移転登記後、鍵などの引き渡し	1
バリューアップ	・原状回復　リフォーム ・価値向上　リノベーション	
賃貸	・仲介業者への募集依頼 ・内見に対する準備	
賃貸管理	・賃貸管理会社への管理依頼 ・クレーム対応	
所有継続 or 売却	・家賃を得る（インカム）のが目的なら、所有継続 ・売却益を得る（キャピタル）のが目的なら売却もあり	

う意味らしいですが、不動産投資の物件検索も同じようなものです。

物件を1000件検索したら、100件現地調査、つまり10件に1回は現地調査に行き、さらにそのうち10件を購入申し込み、買付証明書を入れて、融資申請が通るのが3件ということです。そのなかで、ようやく1件買えるわけです。

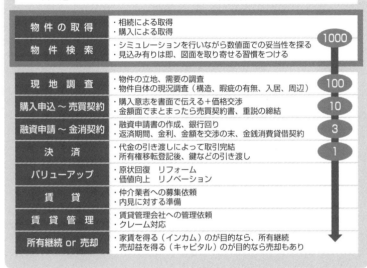

そのため、良い物件を1件買おうとすると、そもそも1000件くらいの不動産を検索することが必要になってくるのです。

この数字は、決して誇張しているわけではありません。業者からの紹介物件であれば「1件紹介してもらって、そのまま買います」ということもあると思いますが、本当に割安で、買った瞬間に勝ちとなるような良い物件を買おうと思うと、本当にこのくらいの確率になるのです。

とはいえ、「日々の仕事をしながら1000件探しましょう」と言っても、「忙しいのに、そんな時間ないよ」と思うかもしれません。

しかしながら、「1日3件検索する」と決めたら、そこまで難しいことではないはずです。1日3件毎日検索すれば、年間1000件を超えます。つまり1年間続けることができれば、必ずいい物件を1件買えるということです。

よく「1000件も探さなくていいよ」と言う人がいますが、こういう方は業者さんから紹介してもらった、利益が乗せられた物件を買っている方も多くいたります。とはいえ、私は現在1物件を買うのに、1000件も検索しないことも多々あります。

しかし、これは今までの経験や、業者さんとの付き合いや信頼があって効率が良くなっているだけであり、何もない初心者の方は、毎日毎日物件検索を怠らないことが見る目を養う上でも、とても大事だと思います。自分で利益を取るならば、自分で見つける必要があります。

潤沢な自己資金を持っている人であれば、すべて業者任せで利益も少なくていいかもしれません。ですが、手元資金が限られていて、会社員をリタイアしたい、数千万円のキャッシュフローを得たいと思っている人は、自分の時間をしっかり使ってでも努力をしましょう。

この地道な行動というのが、将来の数千万円、数億円の利益につながるのです。

■習慣化するまでの4つのアイディア

不動産投資は、毎日地道に継続した者だけが確実に成功します。

ただ、日々の仕事をしながら物件探しのモチベーションを保つのは容易ではありません。だからこそ、しっかり習慣にして仕組み化を図ることが非常に重要です。ここでは習慣を仕組み化するために私が気をつけているポイントを説明していきます。

①不動産投資は、いわゆるゲームだと捉える

物件探しを「やらないといけない」と考えてしまうと、仕事のような感覚になってしまいます。楽しみながら続けるためには、不動産投資は一種のゲームだととらえて「1000件探せば、1件買える」と楽しみにしながら取り組みましょう。

②資料請求を躊躇しない

不動産投資を始めるにあたって、最初に不動産業者への物件資料請求が必要となりますが、「不動産会社って怖いんじゃないか」などと考えて、始める前から億劫になってしまう人が少なからずいます。

しかし、これは慣れの問題です。ちょっとでも気になる物件があったら、どんどん電話やメールで資料請求しましょう。数を追いかけていけば、自然と躊躇しなくなるはずです。

③最初に努力したら、あとから楽になると考える

最初の頃は、知識がないまま不動産業者を回ったり、物件を無駄にいくつも見たり、いろいろな苦労があるはずです。ただ、その先には必ずご褒美が待っています。物件を買えて満室にできれば、しっかりキャッシュフローが生まれるわけです。とにかく「あとで良いことがある」と考えて頑張っていくのがモチベーション維持には大切です。

④自分へのご褒美を用意する

会社員の方ですと、月曜から金曜まで働いて土日に物件を見に行くのはかなり大変です。土日は家族のために時間を使わないといけない方もたくさんいるでしょうし、せっかくの休みを使うのは気が引けてしまいます。そこで物件を見に行くと、必ず自分が好きなもの・喜べるものなどのご褒美を用意するのです。

私は食べることや温泉が大好きなのですが、物件を1件見たらそのエリアのご当地のおいしいものを食べたり、現地で温泉に入ったりします。こうすることで、自分の脳に「物件見学＝ポジティブな印象」というイメージを植え付けることができます。このように楽しんで仕組みつくりをす

習慣化するための４つのアイディア

不動産投資は、毎日地道に継続したものだけが確実に成功します。
日々の仕事をしながらモチベーションを保つのは大変です。
しっかり習慣化することで仕組み化を計りましょう。

1	「不動産投資は数のゲームだ」と割り切る
2	資料請求するのに躊躇しないこと
3	最初に苦労した分、あとで楽できると考える
4	物件探しと楽しいことをセットにして行う（＝ご褒美）

ることで物件探しが苦ではなくなってきます。ポイントは、何よりも「諦めず、継続すること」。

繰り返しになりますが、不動産投資に裏技はありません。本当に地道な事業だと思います。逆に言えば、特に難しい知識やスキルは必要なく、続けていれば必ず成果を出せます。

■物件探しのルート

効率よく物件探しをするためには、たくさんのネットワークを駆使し、アンテナを張ることが肝要です。たとえば、地元の物件を探している方は、新聞の折り込みチラシを確認したり、地域に根付いている不動産業者さんを回ったりしましょう。

また、人脈を生かすことも重要です。知人や友人のネットワークを使えば、優良物件が

物件探しのルート

たくさんのネットワークを駆使してとにかくアンテナを張る事

物件探しのルート	経由		それぞれの経由ルート
	地元のネットワーク	➡	・新聞の折り込みチラシ ・地元の不動産屋さんを回る
	オンラインのネットワーク	➡	・大手ポータルサイトを参照する ・大手不動産業者のサイト ・中小不動産業者のサイト
	人脈のネットワーク	➡	・任意売却（にんばい）物件 ・知人、友人からの紹介

紹介してもらえるかもしれません。

初心者の物件探しの主流といえば、やはりインターネットの活用でしょう。不動産業者のサイト、ポータルサイトなどを見ていくことになりますが、アパート、マンション、戸建て、区分など何を買うかによって、活用するサイトはそれぞれ変わってきます。

私がオススメするのは、楽待、健美家、ＹＡＨＯＯ不動産、アットホーム、不動産投資連合体です。

他にもたくさんポータルサイトはあります。このあたりは投資手法によって大きく異なってきます。

最初はできるだけポータルサイトで物件を毎日見るようにしてください。それだけでも物件を選び抜く力が自然と鍛えられるはずです。

■公開物件でも良い物件は出てきます！

よく、「公開物件は全てダメ物件だ。ネットに公開されていない非公開物件じゃないと良いものはない」などと言っている方がいます。

でも、私はそうは思いません。実際に公開物件であっても「これいいかも！」「このくらいまで価格下がればありかも」と思うことはたくさんあります。逆にいうと、非公開というだけで全くダメな物件もたくさんあります。

私の周りで成功しているような著名投資家さんでも同じような意見が多いです。ただ、このような公開されているもので、良い物件は「とにかく無くなるのが早い」のです。だからこそ、毎日継続していれば、そういった物件が出た時にしっかり飛びつけるようになります。毎日続けることで見る目も養えますし、チャンスも逃さないわけです。

■物件購入申し込みからアプローチまで

物件のアプローチは資料請求することから始まります。前に書いたとおり、ここではとにかく躊躇せずに資料請求を行って、現地に向かう習慣を身につけましょう。

資料請求にあたっては、基準を明確にしてください。具体的には、収益力、担保力、稼働力のそれぞれの基準です。たとえば、収益力なら「どの銀行をどういう条件で、いくらキャッシュフローが出れば合格なのか」、担保力なら「積算評価がどれくらい出れば合格なのか」ということです。

最初は慣れるために土地勘のあるエリアでいいので、片っ端から資料請求し、ある程度慣れてきたら基準を明確にして精査していきましょう。いきなり最初から絞ろうとせずに、とにかく数をこなして、量をこなす中で質を見極めてください。

資料請求は大半がオンライン上で可能だと思いますが、このとき最初は必ず電話で追加情報を聞き出した方がいいと思います。

たとえば、物件の売却理由や、売り主の特徴、現在の反響などです。その業者さんが元付けかどうかを知るためにも、いろいろな質問をしてみてください。もし売主と直接やりとりしているように思えれば、元付けという判断ができます。元付けだと「両手取引」のため、諸々の交渉がしやすくスムーズに進みやすい傾向があります。

※不動産の両手取引についてご存知ない方は以下参照ください。（https://uchicomi.com/senden/column/?p=1259）

続いて、現地調査をするにあたってのチェックポイントです。この書籍をご購入いただいた方には、私が実際に物件を見に行くときに使っている物件チェックシートを特別にプレゼントしますので、巻末の特典ページ（239ページ）にあるURLからダウンロードしてください。

加えて、買い付け申込書のフォーマットやメルマガ登録で銀行に提出する参考資料なども無料ダウンロードできますので、ぜひ巻末の特典ページをご覧ください。

さて、チェックシートを見ながら現地調査をして購入を決めた場合、その後に買付証明書を出します。

ここで押さえておいていただきたいのは、「現地調査には買う前提で行きましょう」ということです。というのも、物件の見極めは95％くらいオンラインと電話の対応で判断できるからです。現地見学は名ばかりで、いまはグーグルマップなどで現地の雰囲気も確認できるので、行かないとわからないことはほぼないのです。

もちろん、どのくらいリフォームが掛かるのかなどを知るためには現地を見ての調査が必要ですが、それもある程度事前に予想はしておくべきです。大きな再生物件でない限りは大きく乖離もでないでしょう。

ですから、現地調査は「調査内容の最終確認」という意味で行っていただければと思います。

今まで説明した「物件の探し方」のまとめです。

1つ目のポイントは、物件戦略を明確にすることです。自分で闇雲に決めず、実践している不動産投資家や、信頼できるメンターに必ず相談しましょう。自分の目標と現状のギャップを明確にし、どういう順番で、どういう規模で、どの時期に、どういう戦略で買っていくのかということを決めましょう。

物件のアプローチから購入申し込みまで

物件へのアプローチは、まずは資料請求する事から始まります。
「これは！」という物件があれば躊躇せずに資料請求を行い、
現地へ向かう習慣をつけましょう

1	資料請求する基準を明確に（収益力、担保力、稼働力）
2	資料請求方法（オープニング）
3	電話で追加情報を聞き出す
4	現地に向かう ～ 準備
5	現地へ向かう ～ 原則
6	現地に着いてからのチェックポイント
7	現地調査のラップアップ（クロージング、買い付け証明）

2つ目に重要なのは、収益力（キャッシュフロー）を最初に計算し、最優先にすることです。特にこれから不動産投資を始める人は、融資がつくからといって物件を買うのではなく、キャッシュフローの出る物件を買いましょう。

3つ目は、担保力、稼働力をチェックし、自分が定めた基準をクリアする物件であれば、すぐに現地へ向かいましょう。

4つ目は、「何事も躊躇しない」ことです。続けていれば絶対に慣れます。そのためには、「とにかく数をこなす、継続する、諦めない」この3点がとても重要です。

前述のとおり、物件探しは「宝探し」と同じようなものです。なかなか物件を買えなくて、悔しい思いをする日々が続く人もたくさんいます。諦めなければ、あとから素晴らしい未来が待っていますので、諦めずに継続して頑張りましょう。

08 藤山流、物件購入の判断基準

■私がとるリスクとリターン。地元一棟物投資法

第2章で「投資家に必要な3つの姿勢」でも書きましたが、投資家はリスクを自ら取り、それを知識やノウハウで利益にかえる仕事」です。では、私が実践している投資法はどういうリスクを取って、どういうリターンを得ていのるかについて紹介しましょう。

私の不動産投資手法を一言で言うと、「地元中心の地方一棟物投資」です。ただ私の場合、地方といってもどこでもいいわけではなく、地元のエリアに絞って不動産賃貸業をしています。

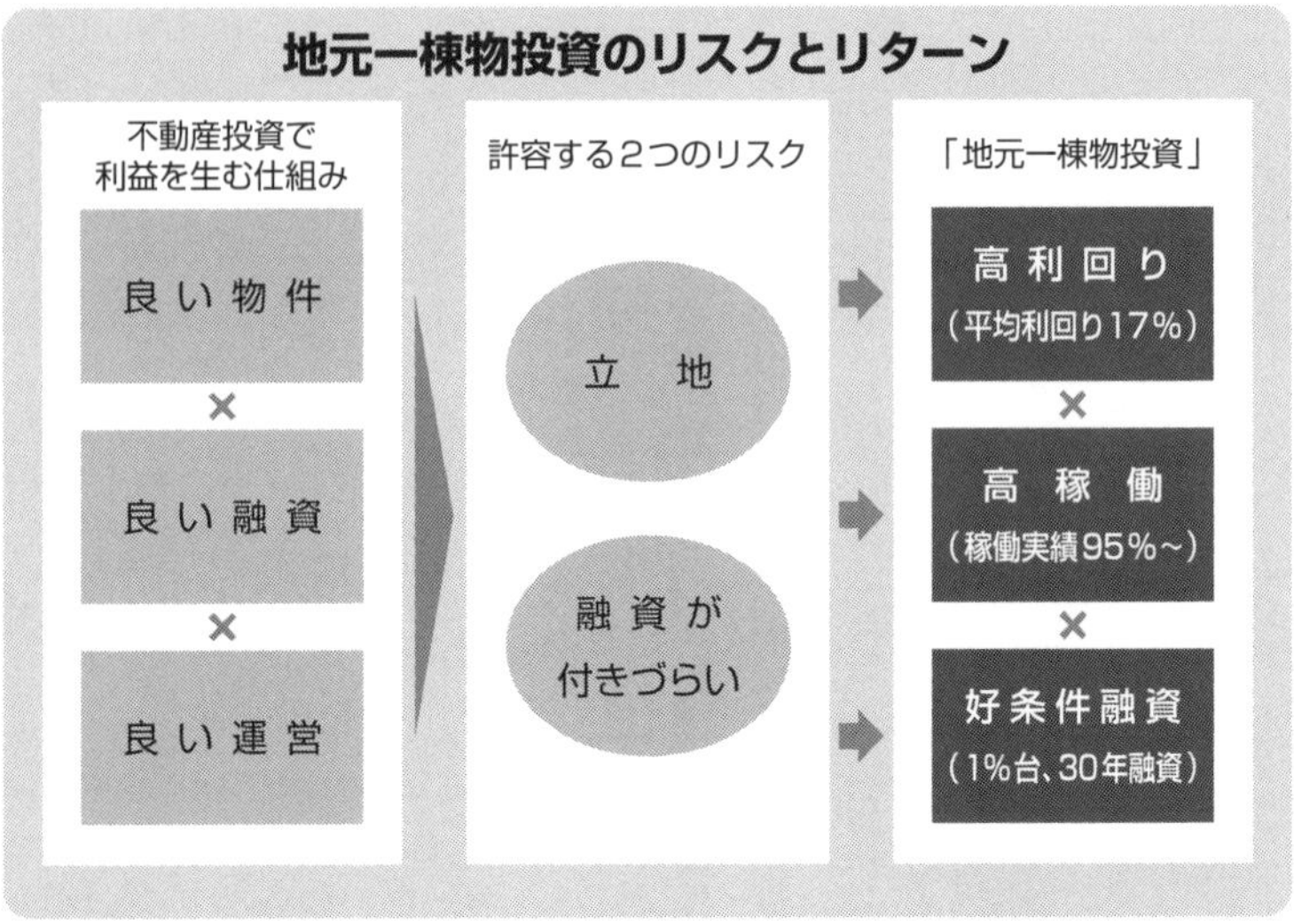

次の図は、不動産投資で利益を生む仕組みを表しています。利益を高めるならば、良い物件、良い融資、良い運営の組み合わせが必要になります。この3つのバランス感で得られる利益は大きく変わってきます。

たとえば、良い物件を買っても、高い金利でたくさん空室があったら利益は出ません。逆にそこそこの物件でも、良い条件の融資が引けて、しっかり高稼働させれば利益が出るのです。

この考え方を踏まえて、私の地元一棟物投資では、大きく2つのリスクを取っています。

1つ目は「立地リスク」です。私が狙う物件は、かなり田舎なものがほとんどです。そのエリアの空室率は30%～40%にもなるため、一般的に客付がしづらいとされているエリアです。

2つ目は「融資リスク」です。このエリアの物件は融資が引きにくいため、出口が見えづらい（＝売却しづらい）物件です。空室率も高いので、融資が受けにくく使える銀行も絞られます。とはいえ、この2つのリスクは同時にメリットも兼ね備えています。

立地リスクなら、利回りが高くなります。私が所有している物件の表面利回りは平均にならして約17％あります。都内の物件もありますので、地方エリアだけだと、20％前後の物件がほとんどになると思います。第4章で詳しく解説しますが、たとえ立地が悪くても、高稼働させるノウハウを使って客付けができれば、高いキャッシュフローを手にできるのです。

また融資リスクも、地縁を生かして地元の信用金庫や信用組合、小さい銀行などを熱心に開拓することで、好条件の融資が可能となります。私の場合、自己資金もほぼなく実績もない状態から、金利1％台で、法人の事業性融資でオーバーローンで物件取得できるようになりました。

今流行りの債務を隠して規模を拡大するような1法人1銀行1物件ではなく、会社を退職した後も、1法人で堅実に買い増しができています。

このように、私が提唱する「地元一棟物投資」では、立地と融資（出口）のリスクを取る一方、それを回避する戦略を講じリターンを得ている投資になります。私が購入した物件等に関しては、第6章に書かさせていただいておりますので是非ご覧ください。

■相場より割安に買う＝絶対負けることのない投資

ここから、私が物件を購入する際の判断基準について紹介していきましょう。

①相場より割安に買う

まず絶対的に大事なのは、「相場より割安に買う」ということです。より具体的にいうと、「相場よりも最低でも1割以上安い値段で買う」ことを心がけています。

前に書いたとおり、不動産は相対取引なので、相場だと8000万円である物件が、歪みをとることにより7000万円で買うことも可能なのです。これは市場取引である株やFXでは実現できないことです。

もし購入時に相場より割安で買えれば、その時点で含み益があり、売却すれば儲かるわけですから、絶対に負けない安定した投資となるわけです。

②返済比率は40％（初期は50％）以下に抑える

次は、「返済比率は40％（初期は50％）に抑える」という基準を持っています。返済比率とは、家賃収入に占めるローン返済額の割合です。家賃収入が100万円でローン返済が40万円なら、返済比率は40％になります。

私は、物件選びをするときにキャッシュフローはもちろん重視しますが、それ以外の指標で自分が組める銀行で想定した場合の「返済比率」くらいしか見ていません。

なぜかというと、不動産賃貸業において最も高額な固定費が銀行への返済だからです。ここを抑えれば、空室はもちろん、管理費などの諸経費、減価償却などの税金にも耐えることができる筋肉質な事業になります。

返済比率40％と言うと、「フルローンやオーバーローンだと、ほぼ無理じゃないですか?」と疑問に思う人がいますが、そんなことはありません。実際、私はすべての物件をオーバーローンで購入しましたが、返済比率は約34％です。これまで使った自己資金は総額で180万円です。

「初期は50％」と書いている理由は、最初はいい物件を紹介してもらったり、好条件で融資を引いたりするなどのアドバンテージがないためです。経験を積むにつれて、低い金利で融資が組めたり、良い物件を紹介してもらえたりなど優遇されるようになるので、返済比率も下げやすくなるでしょう。

ですから、これから始める初心者の方は、返済比率50％を1つの基準にして物件選びをすると良いでしょう。

③1にも2にもキャッシュフローを重視する

繰り返しになりますが、とにかくキャッシュフローを重視してください。資産性や担保力などは後から組み換えができます。不動産投資初心者の方は、キャッシュフローが出ることを最優先に物件選びをしましょう。

④物件より先に、銀行融資から考えること

前に書いたように、自分だったらこの銀行で組めるから、この銀行だったらこういう評価基準で、こういう物件、こういうエリアに融資を出してくれるので、その条件に合わせていい物件を探しに行くという思考のステップが肝要です。

融資を組めないと、不動産の拡大は終わってしまいます。いい物件を見つけても、融資が組めなければ買えませんので、必ず銀行の融資から考えるようにしてください。特に不動産業者さんの言いなりにお勧めされる銀行融資ではなくて、自分で泥臭く銀行開拓をするということを心掛けましょう。

⑤裏技はない。泥臭く足で稼げ!

これはセミナーでも口を酸っぱくして言っていますが、不動産投資に裏技や近道はありません。愚直に地道に基本的なことを続けていくしかないのです。聞こえのいいノウハウやグレーなテクニックに振り回されてはいけません。ぜひ毎日地道に続けていただければと思います。

09 「自己資金が少なくても、短期でCF100万円!」を目指す方へ

■法人の活用と自己資金の調達

私は自己資金がほとんどない状態で、約1年5ヶ月という短期間で月間キャッシュフロー150万円まで規模を拡大し、会社をリタイヤしました。

もし私のような状況からキャッシュフロー100万円を目指すなら、単純計算で家賃収入は300万円くらいないと厳しいと思います。月間の家賃収入が300万円ということは、年間で3600万円。これは最低でも3億〜4億円くらいの規模の物件を購入する必要があります。

ただこれは投資手法や始めた時期によって異なります。

私の場合、月間キャッシュフローが100万円を超したのは、借入額1億円台の後半でした。だから2億円で達成できる人もいれば、5億円分の物件を買わなければ達成しない人もいるでしょう。3億〜4億円というのは、あくまで現在の高騰している市況や一般的な投資手法を踏まえてのことです。

3億〜4億円規模で物件を購入していこうとするならば、「法人の活用」と「自己資金の調達」が必要です。その人の属性にもよりますが、個人で不動産を買っていこうとすると、基本的には

個人の属性で評価されるため、上限が来たところで途中で拡大が止まることがほとんどだからです。

たとえば、年収500万円の人の場合、借入上限額は20〜30倍くらいが一般的です。ただ、そうなると個人で借りられるのは、1億円〜1億5000万円ほど。月間キャッシュフロー100万円に必要な3億円〜4億円規模は達成できません。

したがって、個人の属性だけではなく、いかに法人で事業実績を積んで規模を拡大していけるかということがポイントになります。ここでいう法人活用とは、個人の属性を見て、新設法人に融資を出してくれる、いわゆる「みなし法人融資」とは異なります。あくまで将来的に、法人の不動産賃貸業を事業として評価してもらい、その事業に対して融資を引く、事業性融資が引ける状態をつくるという意味です。

事業に対しての融資をしてもらうので、極論でいえば会社員を退職して、給与がなくても、法人で融資が引けるのです。実際にいま私はこの状態にあり、会社員としての属性も、個人としての給与もないですが、法人の不動産賃貸業に対して、融資を引き規模拡大をさせています。

■短期で拡大するならば、必ず○○を組み込みなさい!

また、法人活用だけでなく、いかに拡大途中で自己資金の調達ができるかということも、短期拡大するためには必要となります。

1棟目の購入など不動産投資のスタートにあたり、最初に自己資金がないこと自体はそこまで問題はありませんが、3億円~4億円規模まで拡大しようとすると、購入時の諸経費だけでも、約2000万円はかかります。購入していくなかで、全物件をオーバーローンで買い増しをしていくのは現実的ではありません。

ましてや昨今はアパートローンの引き締め傾向にもあり、去年までフルローンをばんばん出していた銀行も今では、頭金1割~2割と言われるのも当たり前となってきています。

そのため、今後短期で目標となる3億~4億円規模まで拡大していこうと思うと、諸経費や頭金に当てられるような自己資金をつくっていかないと買い進めるスピードが止まってしまうわけです。

では、どうやって自己資金を調達すればいいのか。

私は、必ず「売却益を狙える物件」を組み込むようにオススメしています。

私の物件の1棟目は2200万円で購入しました。ただ、その後拡大がうまくいかなくなった6ヶ月後に売却活動をしたところ、4000万円弱で売却することができたのです。今考えると完全なビギナーズラックですが、割安に買うことにこだわって買ったからこそ、多額の売却益を手にできたのは確かです。

そして、このとき得たお金を持って、法人での新規融資を泥臭く開拓しに行きました。このお金がなかったら、短期では規模拡大ができなかったでしょう。1〜2棟買った段階で、手元の資金は完全になくなっていましたので、そこから2〜3年待たないと自己資金が貯まらず買い増しはできなかったはずです。

何が言いたいのかというと、「短期で拡大しようとするならば、必ず売却益を狙える物件を組み込みなさい」ということ、そして売却をまぜて、自己資本を高め、結果的に短期で規模拡大を狙っていきましょう、ということです。

もちろん、不動産投資を始めようと思っている方の大半は、長期での投資（インカムゲイン）目的でしょう。

しかし、「長期でインカムゲインを得る仕組み」を「短い期間で構築する」ためには、どうしても手元資金が必要になります。そうなると、やはり売却益が狙える物件をポートフォリオに組み込むのが一番なのです。

とはいえ、現在のように高騰している中古市場で物件を買って、すぐに2000万円〜3000万円の転売益を狙うのは至難の技です。よほど経験のあるベテラン不動産投資家でないと難しいと思います。

ではどうすればいいのか。

大切なのは、ゆがみをとって売却益を狙える投資法を組み込むということ。こちらは第5章で詳しく解説していますが、これが最も再現性が高いといえます。

自己資金がもともと少ない会社員の方は、拡大途中で1000万円～2000万円レベルの自己資金を得ることができれば、私のように一気に融資を開拓できるようになり、最短距離で月間キャシュフロー100万円を達成できるのです。

銀行は、共同担保に入れる場合を除き、保有している不動産の含み益に対してあまり高い評価はしてくれません。たとえば、7000万円で売れる相場の物件を持っていたとします。このとき、残債が5000万円だとしても、含み益の2000万円は自己資本として評価をしてくれないのです。

しかし、7000万円で実際に売却し、2000万円を得ることができれば、自己資本として計上されますので、法人のバランスシートにも自己資本比率が高まり、銀行からの評価が上がるわけです。評価が上がれば事業性融資を組めたり、プロパーローンを組めるようになったり、次のフェーズに進むことができます。

自己資金2000万円～3000万円となれば、大手地銀などの銀行も土台にのってきますし、各種銀行や信金などの開拓難易度も下がって来ます。融資に優位な状態になれば、競合が少ない市場を安定して狙っていけるのもまた旨味です。

繰り返しになりますが、月間キャシュフロー100万円の近道かつ王道は「売却益が狙える物件を組み込み、自己資金を数千万円単位で増やし、法人でプロパーローンを開拓していく」ことです。これこそが、最も再現性が高く、スピードが速い投資法なのです。

第3章

【融資戦略編】
金融機関の評価基準を知る!

01 銀行の評価基準を知る

本章では、不動産投資の成否を左右すると言っても過言ではない「融資」について解説していきましょう。

物件から考えるだけでなく金融機関の評価基準を知り、まず先に金融期間から考えて物件購入を組み立てることで、正しい融資戦略を立てられます。評価基準は、人物評価、物件評価、事業性評価の3つに大別できます。

この3つの評価はいずれも高いに越したことはないのですが、お互いに補完もできます。つまり、人物評価が低くても、物件評価が高ければカバーできるのです。

それでは具体的に見ていきましょう。

■人物評価の仕組み

人物評価とは、言い換えれば、「借り手の属性評価」ということです。

たとえば会社員の方だと、現在の年収、過去3年間の年収の推移などが見られます。当たり前ですが、年収が高くて、3年間右肩上がりに上昇しているほうが望ましいわけです。

銀行は長期期間でお金を貸しますので、「この人は今後も安定して返済能力があるのか」ということが絶対基準となります。年収が下がっていると、「なぜ下がっているのか。今後も下がっていくのではないか」と懸念されてしまいます。

また、会社の規模や業績も重要です。非上場の会社よりも上場している会社のほうが銀行評価は高くなります。資本金を1つの指標とする銀行もあり、短絡的な評価ですが資本金が大きいとプラスに見てくれることもあります。

たとえ非上場であっても、誰でも知っているような老舗企業、社員数が多い会社などは業績の安定感があると見なされ、評価が高くなります。

加えて、勤続年数も評価基準に入ります。これは極めて日本人らしい考え方だなといつも思いますが、勤務している期間が長ければ長いほど有利になります。

自営業の方だと、事業内容の安定性や今後長期にわたり売上が安定して継続できるかどうかがポイントになります。事業形態もフロー型の波があるビジネスよりも、ストック型の安定したビジネスが好まれます。また納税額、過去3年間の売上の推移などが見られます。

医師、弁護士、公認会計士、税理士などの士業の方だと、手に職があって再就職がしやすいと見なされるので評価は高くなります。銀行によって医師などは優遇金利が適応され、通常よりも有利な条件で借りられることもあるくらいです。

次に法人として融資を受ける場合、過去2期～3期分の決算が黒字であること、納税額が右肩上がりであることが望ましいです。節税目的で赤字にされている方もいると思いますが、赤字だとNGという銀行も未だにありますので、融資の観点でいえば多少は黒字を出しておいたほうがいいでしょう。

その他でいえば、配偶者の年収も人物評価の基準に含まれます。本人の財務状況がもし悪化したときに、働いている配偶者がいると評価が上がります。

また、無担保ローンの有無も評価基準となります。

たとえば、マイカーローンや教育ローンなど不動産以外のローンがある場合は、返済余力が弱まっていると見なされてしまいます。特に消費者金融から借り入れをしている場合、金額が少額でもNGになる可能性が高いので要注意です。

あとは、連帯保証人や共同担保物件があると非常にプラスになります。ですから、両親や配偶者に連帯保証人になってもらったり、購入物件以外に担保に取れる物件があったりすると、融資が受けやすくなります。

また、個人であっても財務諸表（貸借対照表、損益計算書）をつくり提出すると銀行に評価されやすくなります。法人だと決算書があるので財務諸表はありますが、個人でもわかりやすく纏めて作成しておくと、銀行にも説明しやすく融資で有利に働くと思います。あとは預金通帳のエビデンスなども必要になるでしょう。

簡単な1つの目安ですが、人物評価だけで単純に借り入れをしようと思うと、年収500万円以下の方は年収10倍、500万円〜700万円くらいの方は年収の15倍〜20倍、700万円〜1000万円くらいの方で、年収20倍〜30倍。年収1000万円以上の方で40倍くらいが目安になるかと思います。

しかしながら、これは銀行にもよって考え方は大きく違いますし、他銀行での借り入れは、その分与信からはマイナスになります。個人の年収の○倍という人物評価の融資だけだと、途中で拡大が止まってしまうことが明確です。個人属性を使って不動産賃貸業を始めた方も、ゆくゆくは事業評価を得て、借り入れを拡大できるようにしていくことが理想です。

最終的には、人柄や身だしなみや挨拶ができるかなど、社会人として最低限のマナーを身につけておくことも非常に重要です。銀行員であっても結局は人です。「この人にお金を貸していいのか」をしっかり見ています。

人物評価は年収や属性だけではなく、人柄や事業に対する想いも大きな判断材料になりますので、なぜ不動産投資を始めたいのかという想いを伝えていくことが大切です。

実際に私が始めた時の属性だけで考えると、今の状況まで借り入れはできなかったと思います。銀行に何度も足を運び、事業への想いを何度も訴えました。そういった想いなども伝わって融資していただけたのだと思っています。

最初にお金を貸してくれた銀行とは今でも縁を切らず取引を続けています。この銀行には本当に感謝してもしきれないくらいです。

■物件評価の仕組み（収益評価、積算評価）

物件評価は、収益評価（収益還元法）と積算評価（積算法）の大きく2つに分けることができます。金融機関によってどちらを重視しているか異なりますが、どちらも良好な評価が出た場合は融資可能額が高くなります。

収益還元法では、入居率に60〜80％くらいの掛け目を入れ、市場金利（現在だと2〜3％）を上乗せして返済が可能か判断します。たとえば、A銀行だったら家賃に70％の掛け目を入れて金利4％にストレスをかけて試算したときに、収益がプラスになるか、マイナスになるかを判断する方法です。これがB銀行だと、掛け目が80％になったり金利が6％になったりするのです。

このように銀行によってストレスをかける掛け目が異なります。大半の場合、銀行が関数電卓を用いて返済金額を計算し、一時収入と比較することによって、簡単に導き出すのが収益還元法といえます。

積算法は、別の章でも解説したとおり、土地と建物に分けて評価を出して融資可能額か判断する考え方です。

実際には収益評価重視で見る銀行、積算評価重視でみる銀行、その2つを掛け合わせて総合でみる銀行の3パターンがあると思っています。

ですので、融資を考える際には、借りようと思っている銀行がこの3パターンのうち、どの評価基準で融資可否を決めているのかをしっかり把握することがとても重要です。

最初は人物評価、物件評価を軸に買い進め、ゆくゆくは事業評価で

基本的に、最初は人物評価と物件評価の2つを軸に査定され融資を受けますが、投資規模が大きくなり実績が積み上がっていくと、人物評価や物件評価ではある程度の上限で止まってしまいます。そのため、ゆくゆくは事業評価で融資を組んでいける状態をつくっていきましょう。いわゆる、不動産賃貸業を事業として見てもらえるようになる(事業評価してもらう)ということです。

事業評価では、貸借対照表(BS)と損益計算書(PL)を見て、収益が回っているのかどうか、自己資本比率や、債務超過になっていないか、事業が5年後10年後にどうなっていくかなどを見られます。事業評価の場合は、個人のような評価よりもはるかに複雑といえるでしょう。

資産管理法人は事業性融資ではなく「個人」と同じ

最初にお伝えしたいのは、不動産投資でよくある「資産管理法人」(みなし法人)で受ける融資というものと、事業者としての事業性融資(プロパーローン)は全く別物であるということです。

資産管理法人は、個人が持っている資産を管理するために設立しています。銀行はあくまで個人の属性や資産背景を見て融資をしています。だからこそ、実績も何もない新設法人に対して、

融資を実行できるのです。こういった法人を「みなし法人」と呼んだりするケースもあります。

そのため、法人という名前はついていますが、私が「事業性融資を引いて法人で拡大するべき」と言っている内容とはほど遠く、融資実行は「法人」ですが、実態としては「個人」で買っているのと同じ扱いなのです。


個人の属性や信用を評価して融資を実行するわけですから、人物評価の上限金額まで借りてしまうと、それ以降の借り入れは難しくなってしまうのが特徴です（1銀行1法人1物件のように、新設法人で債務を隠しながら進めていくような方法もありますが、ここではこの説明は省きます）。

一方で事業を評価してもらう、「事業性融資（プロパーローン）」とは、個人の属性とはまったく別物として扱われます。

通常、個人（会社員）を評価して実行される上限のある融資とは異なり、事業に対して、評価を受け、無制限に規模を増やしていける状態をいいます。不動産投資を投資ではなく、いわゆる「事業化」していくということです。

事業性融資を組めるようになれば、規模拡大もしやすくなります。事業への評価ですから、会社を退職したとしても融資が組めます。

まずは人物評価の仕組み、物件評価の仕組みを知り、事業を評価してもらえるような事業評価を得られる状態にもっていくことが、まずはこれから不動産投資を拡大していく方向けの第一段階の目標となるでしょう。

事項では、事業を評価してもらい、事業性融資を引くために、大事な内容を簡単に説明できればと思います。

02 最低でも黒字2期分の決算が必要となる

事業としての実績で分かりやすいものが第一に「黒字の決算」です。全ての銀行に当てはまるわけではないですが、だいたいどこの銀行へ行っても、黒字の決算書2期分は求められる事になりますので、最低限の実績として必要と考えます。

もちろん、これは最低のラインであり、利益や納税額が多ければ多い、伸びていれば伸びているほど事業評価もよくなるでしょう。

ここまでくると投資ではなく、れっきとした事業となるので、経営者として、毎年良い決算書をつくり続けていくことが評価の大事なポイントとなると思います。

金融機関から事業者として評価され、事業性融資が引けるようになれば、銀行内でも個人融資ではなく、法人融資となりますので、法人部門の担当がつく銀行もあるかと思います。大きな銀行であれば、融資もリテール部門と法人部門とで担当が分かれています。法人部門の担当がついたならば、「事業評価を得て事業性融資が組めるようになっている状態」と立派に言い切れるでしょう。

こういったお話をすると、「自分にはまだまだ先の話だから関係ない」と思われる方もいるかもしれません。

しかしながら、長期的に継続して規模拡大を目標としているのであれば、必ずここを目指す必要があるという事を頭に入れておきましょう。

03 「個人で借りるだけ借りて、その後は法人で買っていける」はウソ!?

個人で借りられるだけ借りて上限枠を使い切ったら、その後に法人を立ち上げてしまえば、次から「法人で規模の拡大を狙う」という考え方に関しては、少々間違いがあります。先ほど申し上げたとおり、ここでの立ち上げた法人に関しては、なんの実績もない「新設法人」であり、「資産管理法人」のような位置付けになります。

この場合、事業（賃貸業）としての評価も一切なく、個人評価により融資で検討しますので、すでに上限いっぱいに借り入れがあると、新しく法人を立ち上げても借りる事はできないのです。法人で事業性融資を引いて拡大していくためには、準備が必要なのです。

個人評価で物件を拡大していく戦略の方も、長期的に事業評価を受けて事業性融資を狙っていく方であれば、個人で物件を取得しながらも、並行して法人をつくり、2年の歳月を掛けて黒字の決算書をつくることから始めていきましょう。

個人で物件取得しながら、法人で事業実績を積むには、個人所有物件から、「管理会社方式」で売上をつくる場合と、「サブリース形式」で売上をつくる場合と大きく2つあります（このあたり一般的な内容ですので、他の書籍を参考にしてください）。

04 財務状態が「キレイな決算書」をつくる

よく決算書を見て「キレイな決算書」と表現することがあります。不動産賃貸業で、事業として評価をしてもらい、事業性融資を引けるようになるには、この「キレイな決算書」をつくり上げることがとても大事なのです。そもそも、「キレイな決算書」とは何か？　ということから説明します。

まず、不動産賃貸業に関わらず、銀行から事業評価を得て、事業性融資（プロパーローン）を引くためには、どんな事業においても「キレイな決算書をつくる」ということが、とても大事なポイントとなります。

サラリーマン投資家のうちは、前述のとおり「人物評価×物件評価」という簡易な審査基準となりますが、事業者として事業性融資（プロパーローン）を受ける場合、より複雑な評価基準で決算書を評価されます。

まだ法人を立ち上げていない方には小難しい言葉かもしれませんが、決算書は主に、資産／負債をまとめた「貸借対照表（BS）」と、売上／諸経費などをまとめた「損益計算書（PL）」でなりたっています。

長期で継続して規模拡大を狙う方には、キャッシュフローを重視した「損益計算書（PL）」だけではなく、「貸借対照表（BS）」を意識しておく必要があるのです。

ここでは、「貸借対照表（BS）」と「貸借対照表（BS）」の計算方法や詳細については細かく説明しませんが、規模拡大していく上では会計知識はとても重要なので必ず勉強されることをオススメします。

私が受けたもので、以下のスクールがとても勉強になりましたので、参考にしてください。

・ファイナンシャルアカデミー「会計スクール」

https://goo.gl/ikETCG

ファイナンシャルアカデミーという教育機関は「不動産投資の学校」という不動産投資の初心者向け講座も行なっています。そのため、会計スクールも投資に則した講義内容で、不動産投資の事例も用いて説明してくれたので、とても分かりやすかったです。

05 自己資本比率がとても大事である

「貸借対照表（BS）」を意識する必要があると書きましたが、その中で財務状態を表す指標の中に、「自己資本比率」というものがあります。一般的に「純資産÷総資産」の計算で算出される数値が「自己資本比率」で、事業における財務状態や健全性を測るうえで用いるとても重要な指標です。

決算書はいろいろと複雑な見方もあると思いますが、この「自己資本比率がどれくらい高いか」＝「キレイな決算書かどうか」ということが言えると思います。銀行から見てもこの自己資本比率が高ければ、「財務状態が良い」と判断できるので、事業性評価も高くなり、事業性融資を引きやすくなるというわけです。

よく「債務超過で融資ができない」というような表現をすることがありますが、この状態というのは、貸借対照表（BS）を見て、「純資産」がマイナスになっている場合を指します。

この場合、純資産を高め、債務超過をクリアしない限り、融資を引き拡大していくことは難しいといえるでしょう。

では、実際にサラリーマンが不動産投資を始めたときによくある事例を用いて、貸借対照表（BS）を見ていきたいと思います。

〈事例A〉
・年収1000万円、40歳大手メーカー上場企業勤務の課長職
・奥様とお子様2名の4名家族、川崎市在住
・自己資金1000万円

という方がいたとしましょう。次に以下のような物件を購入します。

・物件価格1億円
・自己資金1000万円のうち、500万円を投入
（全額諸経費として使い経費計上したとする）
・銀行から1億円の融資を引き、100％フルローン購入

この場合、次ページのような貸借対照表（BS）となります。簡易に計算するため、預かり敷金などは考慮してしません。

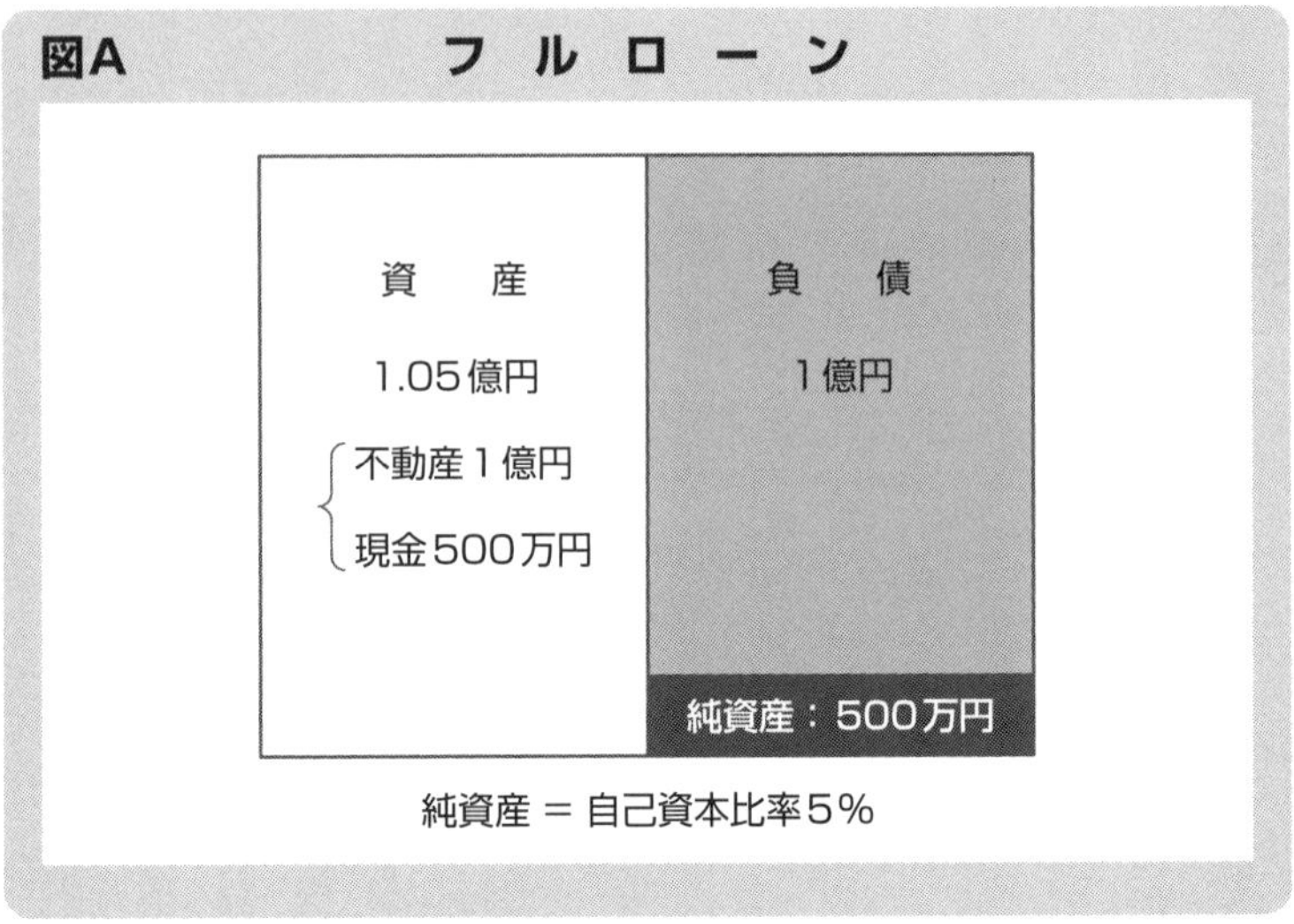

この場合、左側の「資産」に、購入した不動産1億円と、手元現金500万円が資産として計上されます。

そして融資を引いた1億円が、右上に1億円の負債として計上されます。そして残った現金として保有する、500万円は純資産として右下に入ります。

「純資産÷総資産」の計算で算出される数値が「自己資本比率」ですから、自己資本比率は4・7%となるわけです。

昨今はオーバーローンでばんばん物件を買っていく方も多い中で、500万円を入れているだけ堅実ではありますが、これでも自己資本比率で見るとたったの4・7%しかないわけです。

次の事例を見てみましょう。

（事例B）

・年収850万円、30代上場ITコンサルティング企業勤務
・独身、港区在住
・自己資金はほぼ0万円

・物件価格1億円（諸経費込み）
・手持ち資金は0円のため一切使わず、業者に紹介されるがままオーバーローン購入
・1億円の物件に対し、1.2億円でオーバーローン

この場合、左側の資産に購入した不動産1億円が資産計上されます。そして右上に融資を引いた、1億2000万円が負債として計上されます。そして自己資金もない状態ですので預金もゼロのままとなります。

すると、純資産となる金額は大きくマイナスになり、△2000万円となってしまうわけです。これが前述したとおり、いわゆる債務超過という状態になっているといえます。

つまり、純資産を高め、債務超過をクリアしない限り、融資を引き拡大していくことは難しいといえるでしょう。

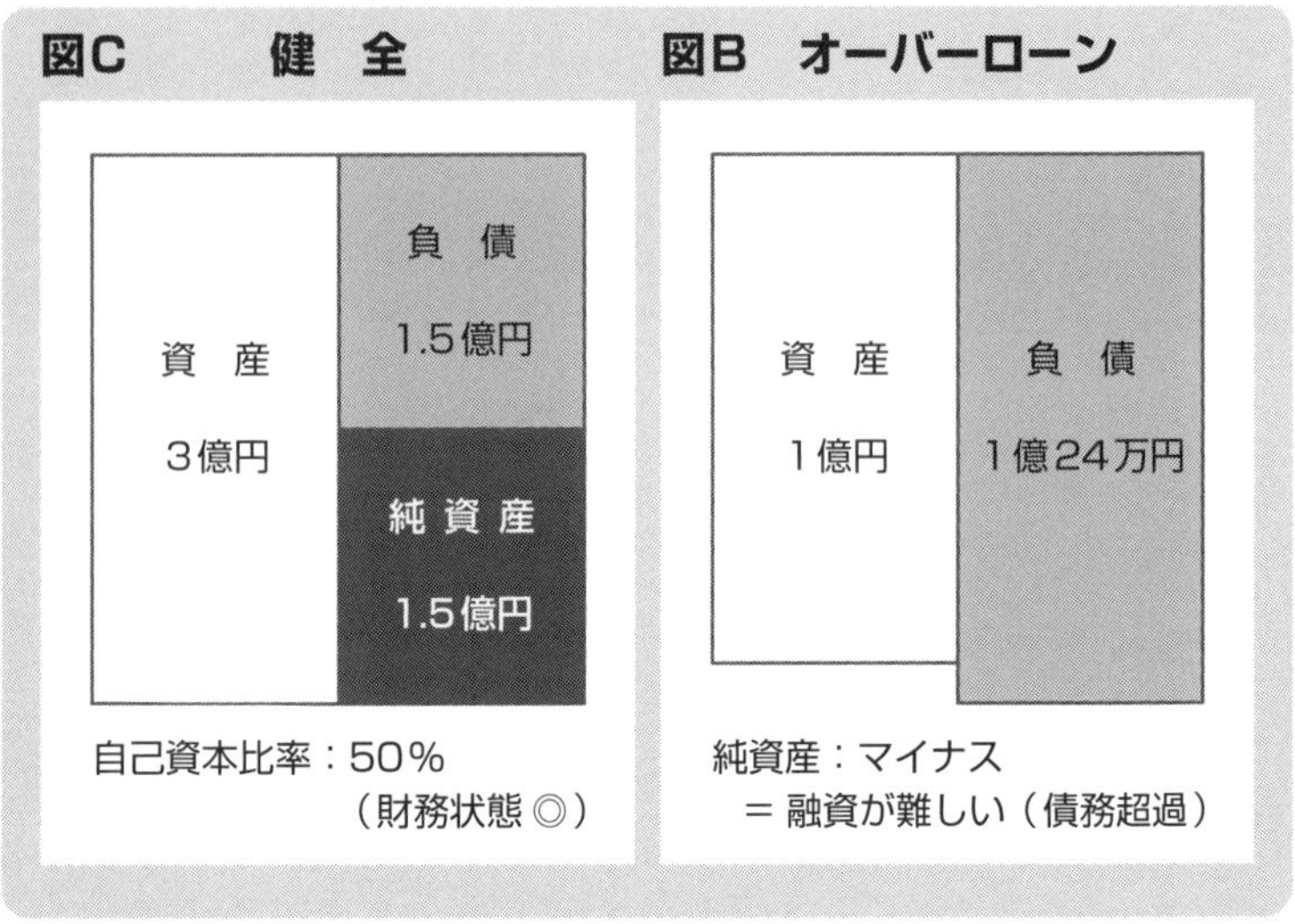

最後にもう1つ事例（図C）として、貸借対照表（BS）を見てみましょう。

これは事業性融資を引ける状態にある、とある不動産投資家の賃貸事業の貸借対照表（BS）となります。

資産として不動産3億円を所有していますが、負債となる借り入れは1.5億円あります。潤沢に現預金を貯めており、純資産が1.5億円となります。

この場合先ほどの計算でみると、

・純資産は1.5億円
・自己資本比率は50％

という状態になるわけです。ちなみに世の中の企業で「このくらいの自己資本比率は健全である」と言われている水準は20％前後といえると思います。

これを見ていただくと、サラリーマンがオーバーやフルローンを引いて始める不動産賃貸業が「いかに自己資本比率の低いビジネスである」ということがわかると思います。

また、このような財務状態の良い「キレイな決算書」をつくることができれば、事業評価を得ての事業性融資（プロパーローン）が引けるようになるわけです。実はこの事例（図C）は私が会社を辞めたあとの、貸借対照表（BS）となります。

会社を退職して個人属性は全くないような状態でしたが、融資を引いて物件を買うことができたわけです。その後も「キレイな決算書をつくる」ということを意識して買い進め、現在では自己資本比率70％を超える状態になっています。

投資効率を重視すると逆にもっとレバレッジを効かせて拡大してもいいという反省点もありますが、銀行から一般的に見た決算書としては、健全な財務状態であると判断してもらえるわけです。

■自己資本比率を高めるには、「物件売却で益を出すこと」

「どうやって自己資本比率を高めればいいんですか？」という疑問を持つ方もいるでしょう。先ほどの計算を見て自分の事業を紙に書き出してみた方ほど強く思うと思います。

実は、不動産賃貸業で規模拡大すればするほど、自己資本比率というのは下がっていくのです。不動産賃貸業で物件を買いキャッシュフローを得ようとすれば、いかに手元資金を使わずに買っていくかが大事になります。

当たり前ですが、融資を引いて物件を買っていくわけです。よっぽどの例外を除いては、規模拡大＝借り入れが増え続けていきます。手元資金も経費計上し、投入していくわけですから、自己資金もどんどん減っていきます。

物件が増えても、借り入れは同じように増え、自己資金が減っていくので、自己資本比率も下がっていくパターンが多いのです。

ここで、自己資金を増やし、自己資本比率を高めていくために大事なのは、「売却を織り交ぜて、売却益で自己資金を補充していくこと」なのです。もちろん様々な方法はありますが、不動産賃貸業において、一番手っ取り早いのはこの方法だと思っています。

貸借対照表（BS）の資産に計上される不動産の金額というのは、単純に買値と経年での減価償却によって算出され計上されているわけです。

ちなみに、とにかく割安な不動産を購入しても、逆に買った瞬間に負けているような割高なものをつかまされてしまっても、帳簿上の数字での資産として貸借対照表に計上されます。

では実際に、売却を混ぜることで、自己資本比率が高まる事例を1つあげたいと思います。次ページの図を見てください。

資　産	負　債
A ＝ 1億円	A ＝ 1億円
B ＝ 7,000万円	B ＝ 7,000万円
現金 ＝ 1,000万円	現金：1,000万円

自己資本比率
5.5%

ここではA物件とB物件の2棟を保有している不動産投資家の貸借対照表となります。そして、実はB物件は相場よりも、かなり割安で買っているとします。

実勢の相場でいうと、「1億円で売れるというような物件」を、頑張って割安で7000万円で仕入れ、銀行借り入れ7000万円で取得したとします。

この場合、左側の資産としてB物件は7000万円という資産金額で計上され、右上の負債にも7000万円という負債で計上されます。

でも実際のところ、3000万円の含み益を得ているようなものなのです。なにしろ1億円で売れる物件を、「割安に」7000万円で買っているわけですから。決算書上では見えないですが、この時点で「勝ち」となるような物件なわけです。

しかしながら、この決算書を見てもわかる通り、貸借対照表には7000万円の資産として計上されるため、銀行は実際には売ったら儲かるであろう「含み益3000万円」を評価してくれることはあまりないのです。

もちろん担保余力を共同担保に取って、プラスで評価することはありますが、それ以外、決算書上では評価されにくいのです。

銀行も「持っている不動産を売ればいくら含み益があるのか」という評価をしてくれると良いですが、実際には根拠となる数字もないなかで評価はしてくれないのが今の事業性融資の現状です。

しかしながら、この物件を仮に1億円で売却した場合どうでしょうか?　上の図は、実際にB物件を1億円で売却した場合の貸借対照表(BS)の変化を書いています。

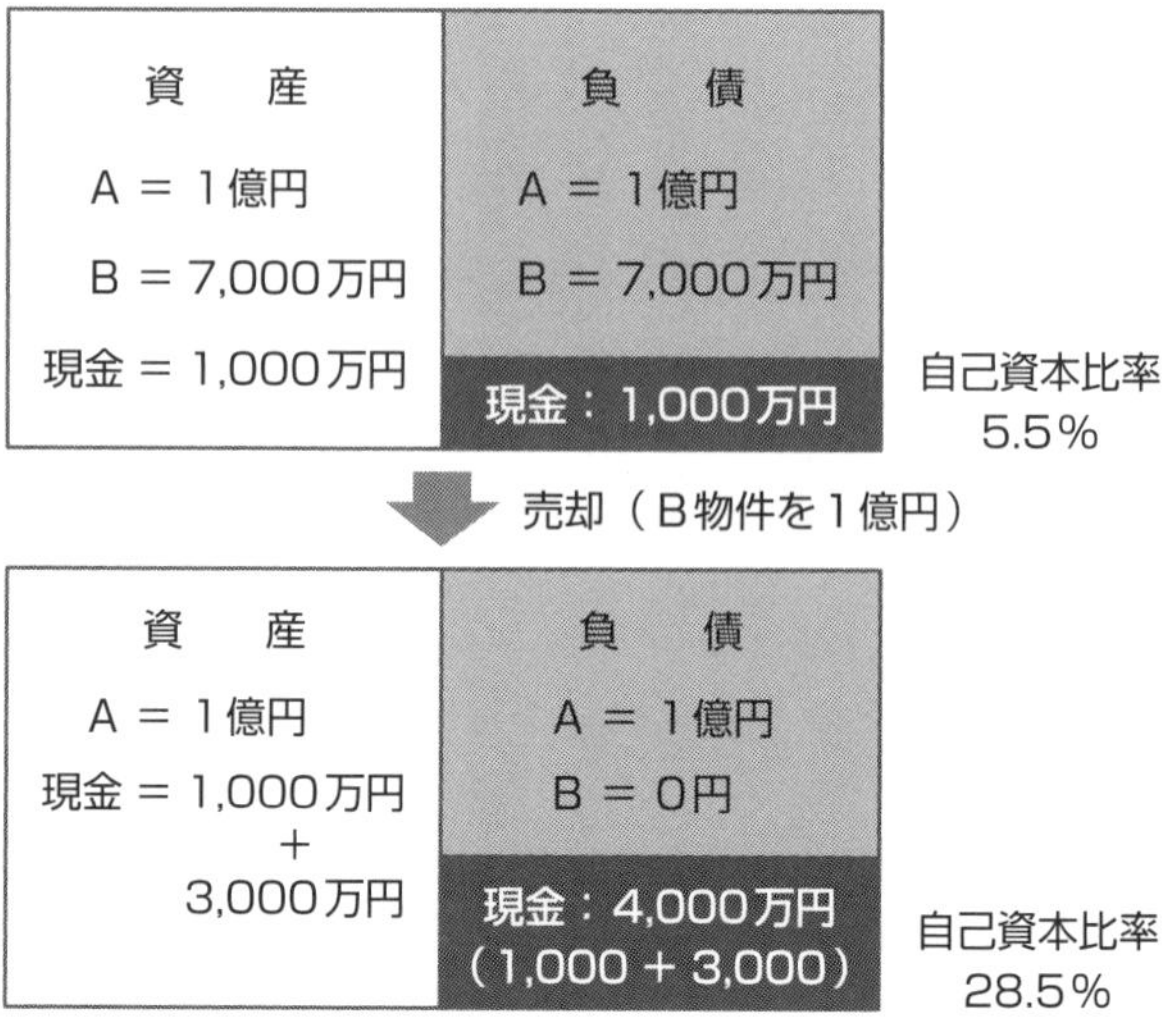

資産として計上されていた7000万円、負債として計上されていた7000万円もなくなり、現預金に3000万円入るため、資産にプラス3000万円が計上され、純資産にも3000万円となります(実際には売却時諸経費や税金

などもありますが、ここでは簡易に説明するために省いています）。

そしてこの売却によって、自己資本比率が5・5％から28・5％まで一気に上がることがわかると思います。一般的な企業の健全とされる自己資本比率が、20％前後という説明をしましたが、こうなれば決算書上はとても健全な状態です。

いわゆる売却をまぜた戦略によって「キレイな決算書」となりました。

なので、現在キャッシュフローを潤沢に生んでいる優秀な不動産であっても、適切なタイミングで売却を狙って混ぜていくことは、キレイな決算書をつくり、事業性融資を引けるようになるために、とても大事な戦略なのです。

含み益だった金額が、売却をまぜることで、自己資本比率が増加し、負債と現金のバランス感も改善され、銀行から見た評価は売却前とは大きく異なり、大幅に向上するわけです。もちろん、売却益を狙うには、購入した時点で「相場より割安に買うこと」が必要です。

割高な物件を買い続けていくと、売却もできず自己資本比率も低いままで、個人評価の上限が来た時点で、拡大が止まってしまうのです。しつこいようですが、とにかく「相場より割安に買うこと」。物件購入の章でも説明した内容を忘れないでください。

自己資本比率を高め、事業性融資を引ける状態にするには、借り入れがないような他の事業を組み合わせたり、出資を受けたりと様々な方法があるかと思いますが、この「売却をおりまぜる」こと、それこそが一番わかりやすい事例であり、再現性の高い一番の方法です。

この「売却をおりまぜる→自己資本比率を高める→事業性融資を引ける状態にする」という流れと、今現在で私がオススメする投資法については、第5章にて解説をしております。是非参考にしていただければと思います。

ここまでが銀行が不動産賃貸業に対する評価基準です。ここでお伝えした内容は、拡大を止めずに買い進めていくなかで、とても大事な点なので以下にまとめます。

①最初は人物評価、物件評価を軸に買い進め、ゆくゆくは事業評価で引けるようになる
②法人はできるだけ早めに設立し、少しでも早くから実績つくりをしておく
③継続して規模拡大を狙うには事業性融資（プロパーローン）を引けるようになることが大事
④事業性融資を引くためには「キレイな決算書」をつくりあげること
⑤キレイな決算書＝自己資本比率を高めていくこと
⑥自己資本比率を高めるために、「売却をおりまぜた戦略」をうまく取ること
⑦これを実現するためには、購入時に「相場より割安に買っている」かどうかで決まる

このような点をしっかり意識して買い進めてもらいたいと思っています。

06

銀行提出書類の作成

■書類を揃える際の注意点

金融機関に行って融資を申請の際、書類を持っていくことになりますが、1物件でもかなりの量の資料が必要です。ここでは書類を揃えるときの注意などをお伝えしましょう。

銀行員には、非常に細かい方が多いです。だからというわけではないのですが、読み手の立場に立って考えた場合、資料が読みやすく整理されていることが非常に重要です。

具体的には、提出資料の目次やページ番号が入っていて、書類の中身が一目でわかる状態にしておきましょう。たまに日付や数字がちょっと古くなっている人もいるようですが、必ず最新に合わせてください。

また書き込み、折目、ホッチキスの跡などが残っているのも良い印象を与えません。使いまわしにせずキレイな状態にしておきます。

あとは、資料の向きや大きさを揃えることも大切です。A4とA3が混じっていたり、向きが違ったりするのも避けてください。

そして、言葉遣いや数字の表現にも注意しましょう。金額の単位は、「千円」とか「百万円」などの基準を用います。また、不動産投資という言葉を使わず、賃貸事業や賃貸経営という表記を心がけます。いずれも細かいことですが、常に銀行員の立場に立って書類を作成し、整理しておきます。

■個人評価に関する書類

銀行に提出すべき人物評価に関する書類をお伝えしましょう。

①過去3年分の収入証明
源泉徴収票、確定申告書（法人の方であれば決算書、納税証明書など）
②本人確認ができるもの
運転免許証、住民票、保険証のコピーなど
③自己資金と持っている資産のエビデンス
通帳のコピーなど
④職務経歴書（会社員の場合）
どういう会社でどういう仕事をしてきたかというのを簡単にまとめたもの。短期間で転職歴のある方は「すぐ会社を辞めないか」という懸念を払拭するためにも経歴に一貫性を持たせた見せ方をしましょう。

※配偶者がいる場合、配偶者の分の①～④も揃える。

⑤所有物件の情報

物件の登記簿謄本、借入先情報、返済予定表、レントロールなどの収支を一覧にしてまとめたもの

■物件評価に関する書類

次に物件評価に関する書類です。これは購入予定の物件を評価してもらうために、個人評価の書類と合わせて銀行に提出します。

融資を持ち込んだときに足りない書類がたくさんあると、融資の審査も遅くなってしまいます。とにかく早く融資を通してもらうためには、資料を揃えるということを心がけてください。

主に必要な資料は、以下のとおりです。

・販売図面
・住宅地図
・住宅の地図（謄本だけだと地番でどこか分からない場合があるため）
・登記簿謄本
・土地、建物の図面
・固定資産税評価証明書
・（ある場合は）検査済証や確認済証

・レントロール（直近2、3カ月）

また、売買契約が終わっていれば売買契約書、重要事項説明書を用意しましょう。

加えて私の場合、以下についても準備しています。

・路線価
・物件写真
・周辺環境の説明（大型商業施設、公的機関、生活インフラとなる施設、コンビニ、学校、病院など）
・収支シミュレーション
・人口世帯数推移
・乗降客数推移
・近隣の賃料相場（複数事例を用いて説明）

個人評価、物件評価に関する書類についてまとめましたが、銀行に提出用資料のフォーマット一覧をプレゼントしています。読者の皆様には、特典としてすべて無料でプレゼントしております。興味のある方は、ぜひ巻末の告知ページ（239ページ）を確認いただいてダウンロードください。

07 金融機関にアタックする

さて、ここからは金融機関にアタックしようという話をしていきましょう。

よく「金融機関を開拓するのはわかるけど、どうやって開拓すればいいかわからない」「今まで営業をしたことがないので銀行に行くのは気が引けてしまう」「そもそも、どういうことに気を付けて何を聞けばいいのかわからない」というご相談を受けます。結局、業者さんに任せきりになってしまう人が大半のようです。

金融機関の開拓は、大きく2つに分けられます。「誰かの紹介で行くパターン」と「自分で開拓するパターン」です。

紹介してもらえる場合、基本的には普通に行けばいいのですが、自分とまったく違う属性の人に紹介してもらっても良い結果は期待できません。あくまでその人が融資を組めただけなので、自分が行っても難しいでしょう。

ただ、銀行側としてもお得意様からの紹介であったら邪険に扱えないので、回答をしぶられて、「本当ははなからNGなのに、なかなか答えを出してもらえない」などの可能性もあります。

そのため私は、金融機関は業者さんや紹介に頼らず、必ず自分で泥臭く開拓したほうがいいと思っています。好条件の融資を引くことができれば、そこそこの物件でもしっかりと利益が出るからです。

よく「融資を制する者は不動産投資を制する」と不動産投資家の間では言われますが、これはとても正しい表現です。ぜひ、銀行に自分で泥臭くあたって、好条件の融資を獲得してください。

とはいえ、実際にどうすればいいのかわからない方が大半だと思いますので、ここからは金融機関の開拓にあたって必要なステップを解説していきましょう。

①徹底的に銀行をリストアップする

まず私の場合、タウンワークやインターネットで調べながら、銀行名、支店名、電話番号、住所、架電日時、担当者、感触、ヒアリング内容などを書き込めるエクセル（ｇｏｏｇｌｅスプレッドシートなど）でリストアップします。同じ銀行でも支店や担当によって全然違いますので、ターゲットとしているエリアの支店を漏れなくリストアップしてください。

私が最初に地元で銀行開拓を行ったときは、支店も合わせて100行以上は電話して当たっていきました。大変だと思うでしょうが、それだけで数百万円、数千万円の利益の差が生まれるわけです。時間もとられますし、泥臭い作業ではあるのですが、利益に直結する絶対外せないことですので、必ず自分で時間を割いて実践してください。

しょう。

②泥臭く「電話アタック、アポ取り」

ということで、リストアップをしたら泥臭く電話をしてヒアリング、必要に応じてアポを取りましょう。

ここにコツはありません。とにかく数をこなしてください。ひたすらやるのみです。

とはいえ、最初は「何を話せばいいかわからない」と困惑してしまう人が多いものです。

私は新卒のとき、テレアポの業務をしていたのでよくわかるのですが、こういった時は、とにかく質より量です。「考えるよりもまず実践」この精神が本当に大事です。数をこなすうちに、何を聞けばいいか、どういう感触だったらいいのかなどわかってきます。

効率を考えすぎて、行動できないようなら、割り切って量をこなすなかで改善していく方がよほど効率が良いのです。

電話したときの最初のトーク内容は、簡単な自己紹介で良いと思います。受付の女性や事務の窓口の方が出るはずですので、不動産賃貸業をやっていることを(経験者の方は実績も)伝え、物件取得の融資を考えていることを話してみましょう。

その上で、「ご担当者いらっしゃいますか?」「ご相談できる方いらっしゃいますか?」と質問してみましょう。ほとんどの場合、融資担当者につないでもらえると思います。もし不在だったら、日時を改めて電話しましょう。

③銀行の評価基準をしっかり知ること

担当者につないでもらったら、銀行の評価基準をヒアリングします。具体的には以下のイメージです。

・収益還元で評価するのか、積算で評価するか、それとも掛け合わせるのか
（独自の掛け目がどういう基準なのか）
・融資期間は法定耐用年数に対してどのくらいなのか
・融資対象となる構造や年数、対象
・融資金額の規模感や頭金の金額、金利などの条件
・（新築の場合は）支払いの融資のタイミング

こういったことを細かくヒアリングする上で積極的に話を聞いてくれるようであれば、実際にアポを取って訪問しましょう。「○月○日の○時にお話をさせていただけませんか？　個人の属性資料と、検討している物件情報をお持ちして具体的なお話をさせていただきたいと思います」と交渉するのです。

アポが取れたら資料の作成に移りますが、前に書いたとおり読み手の立場に立って読みやすい、見やすいものをつくってください。

資料を用意したら、実際に担当者にお会いして話をします。

勘違いしてほしくないのですが、年収を高めに申告したり、自己資金を多く伝えるなど、嘘は絶対にいけません。

相手は人を見ています。仕事のプレゼンだと思って、自信をもって堂々と話してください。賃貸業をこうしていきたいなどの自分の想いも大事です。弱々しく喋っていると、聞いているほうも「本当にこの人（経営者）にお金を貸して大丈夫なのか？」という気持ちになってしまうので、自信を持ってアピールしていただけるといいと思います。

④裏技はない、楽をせず、地道に継続する

金融機関の開拓に裏技はありません。セミナーでお話しをしていると、「どうやって金融機関を開拓しているのですか？　裏技や近道はないのですか？」とよく質問されますが、楽をせずに地道に継続するだけです。もう行動するのみです。

私は直近6ヶ月だけでも1000名以上の方にセミナーでお会いしています。いつもセミナーで聞く質問があります。「この中で、毎日物件探しをしている人？」と聞くと、手を挙げるのは4、5人くらい、さらに「これまで金融機関100行以上に電話したことがある人？」と聞くと、3、4人くらいしかいません。

つまり、ほとんどの人が面倒くさいからやらないのです。だからこそ、ここで努力さえすれば、周

りの人より大きく差をつけることができます。「やるだけ」で差がつくわけですから、やらない手はありません。ましてやあなたが資産家でもなく、潤沢な自己資金を持っていないサラリーマンであれば、競合に勝つためになおさら必要です。

金融機関の開拓は難しいことに思われがちですが、実際にやってみると、大事なのは「慣れ」だけだということに気づくはずです。繰り返しになりますが、とにかく数をこなせば結果はついてきます。

金融機関は日々市況も、考え方も変化します。先月まで融資が出ていたけれど今月から出なくなったなんてこともよくある話ですので、1回だけではなくて継続してやり続けることが非常に大切なのです。

08 融資担当者との付き合い方

次に、銀行の担当者との付き合い方のポイントを解説します。

私が好条件の融資を受けられるようになったのは、いい銀行を見つけたというよりも、いい担当者と出会えたからだと思っています。

銀行によって支店によって融資の基準は異なりますが、融資を出すかどうかを最も左右するのが担当者です。したがって、担当者が不動産に詳しいのか、優秀なのかによって融資の条件が変わってくるのです。

■優秀な融資担当と出会うために

優秀な融資担当者に出会うためには、まず投資家同士のネットワークを広げる努力をしましょう。

大家の会、セミナー、コミュニティに行くなど投資家同士の情報収集のためのネットワークを広げてください。こういったところからも紹介してもらえるケースがあるからです。

また、不動産会社さんに斡旋してもらうのも有効です。業者さんは日々たくさんの融資を通していますので、優秀な担当者を知っていることもあります。◯◯支店の誰々さんといった情報が、口コミで広がっているようです。銀行の融資担当は、大体3年ごとに支店の移動があります。ですから、最新情報を持っている業者や知り合いの投資家と情報収集するのは有効です。

ただし、全てを他人に丸投げしてはいけません。先述した通り、泥臭く自分であたるということも大事です。いろんな銀行の担当者とアポをとって話を聞いて判断するのです。数を打てば当たるではないですが、やぱり量から質が生まれますので、数をこなしていくと優秀な担当者を見極められるようになります。

■優秀な担当者の見分け方

では、優秀な担当者をどう見分ければいいのでしょうか。

私は融資担当者にお会いしたとき、いろいろと質問するのですが、常に忙しそうな担当者は優秀であることが多いように感じます。どの仕事でも同じですが、優秀であればあるほど案件をたくさん抱えているものです。

また、融通が利く担当者であるかも重要なポイントです。金利、融資期間などこちらの要望に対して融通が利きそうかを判断します。

ただ、この判断はコミュニケーションの部分になるので言語化しにくいのですが、話をしていて柔軟に対応してくれそうかを見るといいと思います。

あとは、不動産賃貸業の知識や経験がある担当者が望ましいです。同じような案件を何件も通している人のほうが稟議が通りやすいからです。不動産賃貸業の融資経験があるかを聞いたり、どういう物件を扱ってきたのか、どういう評価をしているかなどを聞けば、経験値がわかると思います。

■優秀な担当者に好かれるポイント

優秀な融資担当者を見つけたとしても、良好な関係を築けなければ意味がありません。やはり自分の融資を優先してやってもらいたいですし、いい条件で通してもらいたい。そんなとき、好かれていないとなかなか融資が前に進みません。

特に優秀な銀行員の場合、常時数十件の融資案件を抱えているので選ぶ立場にあるわけです。だからこそ、自分を優先的に選んでもらえるように思ってもらう必要があります。

担当者に好いてもらうためのポイントとしては、人柄です。きちんと挨拶ができる、身なりがしっかりしているなど社会人としてのマナーがとても大事だと思います。

また、「お金を借りるのはこっちなんだから」と思って横柄な態度を取る方もいますが、これはもはや論外です。ここは営業だと思って、笑顔で爽やかに好感を持てるような恰好、対応でお話をしてください。

あとは、最低限の金融の知識や、不動産の知識（言葉）は身につけましょう。何もわからないままで行って言葉も通じないと、向こうも貸す気にはならないと思われてしまいます。

そして、事業への想いや情熱を言葉にして伝えることも大切です。担当者も人ですから、熱意が伝われば心を動かされるはずです。みなさんも、会社で仕事をしていて「このお客さんのために何とかしてあげたい」という気持ちになったことがあるはずです。知識や経験も重要ですが、そういった定性的な部分も大切にしていただけたらと思います。

また、相手側にメリットがあることを行うのも有効です。たとえば、数字がほしい決算期（3月や9月）を狙う、先方が勧めている定期預金、積み立て、クレジットカードなどに加入するなどです。銀行員にもノルマはありますから、こちらが配慮して「入りますよ」と言えば、当然印象はよくなります。

あとは、言葉遣いは慎重になってください。「不動産投資」という言葉は銀行にはタブーなので、「不動産賃貸業」と言いましょう。「借金」「お金を借りる」もNGですので、「資金調達」に。加えて前にも書いたように、お金の単位も銀行員向けに「千万円」「百万円」としたほうが資料とか見やすくなります。

そしてそもそもの話ですが、あまり少額の融資は持ち込まないようにしましょう。何件もやっている中の少額ならいいと思いますが、金額が小さすぎるとメリットを感じてもらえないので注意が必要です。

第4章

【購入後の満室経営編】決断力のあるリーダーになれ!

01 管理会社の選定について

本章では、物件を買ったあとに満室経営をするための方法を解説していきます。

まずは管理会社について話を進めましょう。

物件購入後にそれまで委託していた管理会社を変更し、自分で管理会社を選ぶ場合、気を付けるべきポイントが5つあります。

■選定のポイント①　何に強い業者なのか、明確にする（客付 or 管理）

1つ目は、その管理会社が何を強みにしているのかを把握することです。

管理会社によって、客付けが強かったり、物件の管理が強かったり、強みはさまざまです。

ただ、不動産投資を行う上では、よほど大きい物件でない限り管理で差はつきませんから、客付けに強いかどうかを重視すべきでしょう。

■選定のポイント②　初期段階においては、客付に強いことが必要不可欠

では、客付けが強い管理会社をどのように見極めればいいのか。

最も有効なのは、実際にマイソクを見せながら「空室が出たときに、どういう動きをしますか?」と聞くことです、

また、空室が出たときにほかの客付けの会社にファックスを送ってくれるか、どういうインターネットのサイトを使っているか（SUMO、HOMESなど大手が入っているか）なども確認しましょう。簡単に言うと、入居者募集に対してコストや労力をどれくらいかけているかということです。

ごく稀に「一切インターネットには出さない」という管理会社もありますが、今は大半の入居はネット経由で入居が決まることも多いです。ですから、ネットでしっかり募集広告を出している管理会社を選びましょう。

管理会社を選定する際、毎月いくらくらい広告費を投入して、客付けを行っているのかなどもしっかりヒアリングして何社か比較してください。そうすると、どこの会社が客付けに入れそうか、強そうかわかってきます。

■選定のポイント③　退去が出た場合どういった動きをするのか

また、退居が出た場合の対応についても確認をしましょう。

・退居連絡があって募集開始するまでにどういう動きをするのか。

・何日くらいでどういう募集媒体に出して告知をするのか。
・どのように内覧までを進めていくのか。

こういった退去が出た時の具体的な動きなどをしっかりヒアリングすることで、客付けに対する注力度合いがわかります。

■選定のポイント④　相談できる、気の合う会社であること

良好なコミュニケーションをとれる関係を築くことは非常に重要です。定期清掃やリフォームの相談、更新料の設定など質問を投げかけると、相手側の姿勢もわかるでしょう。

実際、管理会社とのコミュニケーションが上手くいかずに空室が埋まらない例は珍しくありません。人間的な相性も含めて、ぜひ付き合いやすい管理会社を選んでください。

02 管理会社との付き合い方

続いて、管理会社との付き合い方で、私が重視しているポイントをいくつかお伝えしましょう。

■管理会社から絶対の信頼を得ろ！

1つ目は、管理会社から絶対の信頼を得ることです。最初は「空室が出たらリフォームするのか」「リフォームはどこに手配するのか」「募集条件はどうするのか」など細かく決めることが必要なわけですが、管理会社からの信頼関係を築けていれば、こちらの意見もしっかりと聞いてもらえますし、相手のモチベーションも高い状態を維持できます。

その結果、空室が出てもすぐ埋まる仕組みができますので、最初は大変かもしれませんが、密にコミュニケーションを取って信頼を築いていきましょう。

■担当者を育てるマネジメントを意識しろ

管理会社との付き合い方は、仕事と同じで「育てるマネジメント」を意識しましょう。

よく「管理会社がダメで空室がなかなか埋まらない」と言う人がたくさんいますが、正直などころ、管理会社の担当者で、ものすごく優秀でキレキレに仕事ができるという人に最初から出会うのは難しいと思っています。

ですから、管理会社の担当者を自分の部下と思って、しっかり育てるという感覚で接する姿勢が大事だと思っています。

私は、その担当者が最初はダメでも、自分で考えさせて自走できるような担当になれるように成長させるというイメージで普段から接しています。仕事で部下を育成するように、マネジメント視点が重要だと考えます。

■「～しておきました」と言われる大家になれ

空室が出たりトラブルが起こったとき、管理会社は「どうしましょう?」という連絡をしてくるわけですが、私は管理会社の担当者の意見で、必ず提案をさせるようにしています。

たとえば、「○○さんだったら、どういう募集条件を出したら埋まると思いますか?」「○○さんだったら、こういうときどういう対処をすれば良いと思いますか?」と必ず質問するのです。

こうすることで向こうから提案してもらうように促します。

ここで考えて提案してもらうことで、担当者にも発言責任が生まれますので、業務に積極的に取り組むようになります。さらに提案を受け入れて、無事うまくいったら担当者との信頼つくりの上で成功体験にもなりますし、ゆくゆくは担当に自走してもらうきっかけになります。

もちろん金額が高くなるときは相談してもらわないと困るのですが、軽微なものであれば管理会社の担当者の裁量に任せるのが理想的です。

不動産経営をしていくなかですべて連絡をもらっていたら、こちらの手間もかかります。ですから、できるだけ「～しておきました。料金はこう処理させていただきますね」という適切な対応をしてもらえるような信頼関係を築くよう心がけましょう。

■提案されたことは極力受けるようにする

私は管理会社から提案されたことは、ほとんどは受け入れるようにしています。

ただ勘違いしてほしくないのは、リフォームなどにたくさん利益が乗っている場合も、闇雲に受け入れるというわけではありません。担当者も営業ですから、リフォームなどは多少利益や取り分を取りたいのは当然のことです。

ある程度、相手の提案も理解し、譲歩してあげることで、相手に借りをつくることができるわけです。私の場合、単に受け入れるだけでなく、「じゃあ、今回はこの内容で受け入れますので、◯◯の件では、こういうふうにしてくださいね」など要望などをしっかり伝えるようにしています。そうすることで、相手も自信を持つことができますし、「この大家さんのために、何かしてあげたい」と思ってもらえるようになります。

03 おじいちゃんに勝てば良いビジネス

■満室経営は難しくない

不動産賃貸業で最も怖いリスクは「空室リスク」です。

ただ実は、満室経営はみなさんが思うほど、「ものすごく難しい」というようなものではありません。むしろ、コツさえつかめば簡単なものといえるでしょう。

よく「全然、空室が埋まらない」という相談を受けますが、そういう人は当たり前のことをやっていないことが、埋まらない理由の大半だったりします。

私も空室率が高いエリアで賃貸経営していて感じるのが、当たり前のことを当たり前に、丁寧に漏れがないようにやるだけで満室稼働は実現できるということです。

大家さんの9割以上は高齢の地主です。最近では若い投資家も増えてきましたが、割合で言ったら圧倒的に高齢者が占めます。しかも大半の場合、まともに勉強せず昔から何となく賃貸経営しており、客付の工夫や努力をしようとは思っていません。地主の場合、お金にもあまり困っておらず、埋まらなくても別に良いと思っているような地主さえいます。

空室を恐れて不動産投資を始めない人がたくさんいますが、普通に考えたら勉強も工夫もしないような高齢者の方が持つ物件に、勝てばいいだけのビジネスなので、あまり空室を恐れずに、もっと楽な気持ちで考えてほしいと思います。

■「どこに問題があるのか？」を明確に

私はこれまで数多くの相談を受けてきましたが、ほとんどの人は「空室がなぜ埋まっていないのか」説明できません。

ですが、空室が続いているということは必ずどこかに問題があるものです。たとえば、そもそもインターネットの募集媒体に情報が出ていないという可能性もあります。

まず把握すべきは、自分の物件がしっかり告知をされているかどうかです。その上で、その募集経路の反響がまずどのくらいあるのかも確認しましょう。「空室が埋まらない！」と焦っている方から相談を受けて、相談中にホームズやスーモを見たら、「そもそもネットすら出ていないじゃん」なんて大家さんもいます。

もし「反響があるけど内覧がない」ということであれば、募集条件を見直す、敷金礼金をフリーレントにする、何かキャンペーンをつけるなどの対策が考えられます。

「反響もあって内覧もある。だけど決まっていない」ということであれば、募集条件の見直しも含めて諸条件交渉するなどが有効でしょう。

内覧して決まっていない理由を管理会社から客付業者にしっかりヒアリングしてもらうようにしましょう。場合によっては当て物件にされている可能性もあるので要注意です。

いずれにせよ、何に問題があるのかを把握し、そこに対して策を打っていけば必ず埋まります。

空室が埋まらないと、やみくもに「家賃を下げる」人がいますが、家賃以外の部分で問題があることも多々あります。

埋まらない理由(問題)が、囲い込みされて、募集媒体に掲載されていないのであれば、いくら「家賃を下げる」という対策を打ってもお門違いなのです。

必ずなぜ埋まらないかの問題を明確にし、そこに対する打ち手をスパッと打てるようにしましょう。前に書いた通り、空室を埋めるという成功体験を積んでいくことで、管理会社とも信頼関係や実績が深まっていきます。

■インターネット戦略を強化して埋める

通常、管理会社に客付をお願いすると、大手のポータルサイトや広告などに情報を出してくれると思います。

ただ私は、自分の物件をまとめたホームページをつくって、直接空室を募集しています。

実は、自分のホームページ経由からもで、年間4~6件くらいは募集が決まっているのです。今の時代、誰でも簡単に無料でホームページをつくれます。

しかも、ワードプレスのようなCMSを使って、プログラミングの知識がなくても、ブログみたいな感覚で、自分で簡単にホームページの運営ができます。もしハードルが高いと感じる方は、アメブロなどのブログサービスを使うのもいいと思います。

今後はインターネットが不動産業界でさらに活用されるようになり、業界の透明化が一気に進んでいくでしょう。一部では、数年後には街の賃貸仲介業者やフランチャイズのような賃貸の店舗がなくなるとさえ言われるほどです。

ですから、今のうちに所有物件の募集条件や空室情報を更新したりするホームページをつくって運営することをオススメします。

大家さんは年配の方も多く、インターネットに疎いという方が大半なので、こういったインターネットを用いた客付なども「やるだけ」で簡単な差別化できます。

こういった小さな工夫や努力であっても、自分よりもひと回り、ふた回り上のご年配の地主の方に勝てばいいビジネスですので、少しの差でも効果は大きいものです。繰り返しになりますが、コツさえつかめば簡単に満室経営はできるので、自信を持って空室を恐れず、不動産投資を始めてください。

第5章

歪みを取れ！
売却を混ぜて大きく拡大する！

01 自己資金がなくても、短期で規模拡大する

■拡大スピードを劇的に上げる

本章では、「歪みを取れ！　売却を混ぜて大きく拡大する！」というテーマで、お話をしていきたいと思います。

これまで本書では、「目標設定を明確にすることが大切」ということを繰り返し述べてきました。第4章では、銀行の評価基準について、長期で継続拡大していくには、事業化が必要であるということ、事業を評価してもらい事業性融資を引いていくためには、実績と「キレイな決算書をつくる」＝「自己資本比率を高めることが大事」というお話をさせていただきました。

ただ、設定した目標よりも、短期で規模を拡大して家賃収入を得たいと考える方も多くいると思います。

たとえば5年で1000万円のキャッシュフローという目標を掲げたとしても、もっと短期間で実現したいと考える人もいるでしょう。私も同じで、自分の属性を生かして少しでも早く規模拡大をして会社を辞めたいと考えていました。

ここでは、事業規模の拡大を加速させるうえで必要な戦略についてお伝えしていきます。

■キャピタルゲインを効果的に活用する

1つ目は、「キャピタルゲインを効果的に活用する」ことです。不動産投資に関する書籍全般は、昨今ではいかに融資を引いて買い進めていくのか、インカムゲイン重視のノウハウ本が多いと思います。

しかしながら、第3章でも述べましたが、継続して規模拡大をしていくには、事業を評価してもらい、事業性融資が引ける状態をつくっていくことこそ大事なのです。個人属性だけで、買い進めていくには一定の上限が来れば融資ストップとなり、拡大が止まってしまうのです。

資産管理法人も個人と同じ扱いというお話をしました。事業性融資を引いていくには、何度も言いますが、「キレイな決算書をつくる＝自己資本比率を高める」ことがとても大事です。自己資本を高める方法として、物件の売却を織り交ぜる戦略を取ることの重要性についても第3章で書かせていただきました。

この内容や考え方はとても大事な内容ですので、第4章の内容に関しては、しっかり読んで理解するようにしてください。売却を織り交ぜた戦略については、他の書籍ではあまり書かれていないことですが、私は強くオススメしています。

規模拡大を加速させて、最速で目標規模を達成するためには、物件を売却してキャピタルゲイン（売却益）を大きく得ることがとても重要なのです。

皆さんもご存じのとおり、今の時代の不動産投資のスタンダードはインカムゲインを狙うスタイルです。第1章で解説したとおり、バブル崩壊後、金利と利回りの逆転によってイールドギャップがとれるようになったことで、リスクの少ない投資ができるようになりました。

しかし、インカムゲインで短期的に大きく拡大させるためには、キャピタルゲインを狙う必要があります。特に投資スタート時で自己資金が少ない場合（具体的には2000万円以下くらいを指します）、この考え方が避けては通れません。

私も自己資金がないなかで買い進めてきました。一般的なサラリーマン大家さんは手元資金もあまりない方が多いですから、大半は当てはまる方が多いのではないでしょうか。とても大事なことなのでしっかりお読みいただければ幸いです。

■物件を増やすには自己資金が大事な理由

物件を増やすにあたっては、自己資金がとても重要な役割を担います。

たとえば、1000万円のキャッシュフローを得るためには、ざっくり計算しても一般的に3000万円くらいの家賃収入が必要となります。仮に利回りが10％で考えると、合わせて3億円分くらい物件を購入しなければなりません。

これは各々投資法によって異なるので一概に言えませんが、私の場合、年間キャッシュフローが1000万円を超えたのは、借り入れが1億円台後半になってからでした。おそらく他の大家さんより規模が小さいものの、多くのキャッシュフローを得ていたと思います。

私の場合、あまり借り入れができる属性ではなかったために、少ない借り入れでもキャッシュフローを生み出す必要（リスクを取る必要）があったのです。

しかし、これは市況も大きな要因ですので、現状の市況であれば築浅や都内近郊の物件を狙っている人は、もっと大きな金額を買わないといけないでしょう。

3億円の物件を取得しようと思えば、ある程度の手元資金が必ず必要になってきます。不動産を購入するには当たり前のように「諸費用」がかかります。不動産所得税、仲介手数料、司法書士の手数料、火災保険、銀行のローン事務手数料など諸経費がかかります。中古物件であれば物件価格の6〜8％程度になると思います。

私が個別面談をしているときも、全物件をオーバーローンで買おうと思っているからなのか、この諸経費の概念が抜けている方も珍しくありません。ただ、オーバーローンで規模を拡大できるのは、よほど個人の属性が良いか、手元資金が潤沢にある方だけです。

また前章でも解説したように、オーバーローンの大半は、二重売買契約書、いわゆる「かき上げ」といわれるようなイリーガルな手法ですので、私はあまりオススメしていません。

そうなると、実際に3億円の物件規模まで買い進めるならば、諸費用だけでも2000万円の投入は必要になってくるわけです。

また、不動産の賃貸経営は、実際に始めてみると予想外の出費がかかることも珍しくありません。固定の経費はある程度なら概算ができますが、運営中は予期せぬ修繕が発生することもあります。

ですから買い進めていくと、思った以上に自己資金が減っていくのです。正に買い進めている段階では、どんどん手元資金が枯渇していくのを感じるはずです。もともと手元資金が少なかった人は、なおさら厳しい状況になることでしょう。しっかりと手元の資金を残しておかなければ、税金を払うお金すらなくなってしまうわけです。

話が逸れましたが、3億円の物件を買った場合、諸経費として物件価格6~7%の2000万円の自己資金が必要になります。

よく「2~3棟目まではスムーズに買えたけれど、自己資金がなくなってきて拡大が止まっています。家賃収入から貯めていくとしても2~3年はかかりそうです。頭打ちになってしまったのですが、どうすればいいのでしょうか?」といった相談を受けます。

このとき、手元の物件が割安で買えていて、かつ売却して大きな利益が出るのであれば良いですが、問題はそもそも高値で買っているケースなのです。

本書で何度も述べていますが、「相場よりも必ず割安に買う」のがとても大事なのです。「安く買って高く売る」これはどんな商売でも常識ですが、いざ自分のこととなれば見えなくなってしまう方が多いように思います。

それでは、こういった状況に陥らないためには、どうすればよいのでしょうか?

■大事なことは買い進める中で売却を交ぜ、自己資金をつくる

2~3棟目で自己資金がなくなって頭打ちにならないためには、買い進める過程で自己資金を貯める必要があります。

まず、目標設定を細かく書き出しましょう。どのスピード感で、どれくらいの規模の物件を買うのか。どういう銀行で金利はどれくらいか。そのなかで「どうやって自己資金を調達するのか」ということもセットで考えてください。

最初の段階で戦略をしっかり立てておけば、後になってから行き詰まる可能性はぐっと減らすことができます。目標設定の重要性はすでに述べたとおりですが、怠らずに組み立てていただければと思います。

では、どうやって自己資金をつくればいいのでしょうか?

私がオススメしているのが、前に書いたようにキャピタルゲイン(売却益)です。

インカムゲイン(家賃収入)だけでは手元資金を貯めるにも、金額が大きくなるのに時間を要します。特に始めたばかりのときは、たとえ2~3棟買っても、家賃収入は1000万円くらい、キャッシュフローも数百万円程度です。買い方によっては、1億円の借り入れをしても、税金を払っ

てしまえば100万円~200万円しか残らない人もたくさんいると思います。

年間100万円~200万円であれば、2~3年持ち続けても1000万円に到達しません。するると、2000万円まで貯めるのに10年単位の歳月を要することになります。

しかし、ここで私がオススメしているのは、「1000万円単位のキャピタルゲインを狙う」戦略です。

このメリットには大きく2つあります。

1つ目はバランスシートの改善です。個人でも法人でも同じ考え方ですが、決算書の数字を改善することができるのです。詳しくは第3章で説明させていただきましたが、売却を交ぜて大きく売却益が確定できた場合、貸借対照表(BS)上で、自己資本比率を大きく改善することができます。

いわゆる「キレイな決算書」をつくることができるのです。この第3章の説明は、この本章の戦略を説明する上でも、とても大事な内容ですので、必ずしっかり読んでいただいてから、進んでください。

第3章の事例のように、売却を織り交ぜ、自己資本比率が高まれば、銀行も健全なバランスシートということで、プラスに評価をしてくれます。シンプルな例で解説しましたが、この考え方で売却を積極的に交ぜることにより、資金力が増していくのです。

よく不動産投資の本やセミナーでは、「キレイな決算書をつくろう」といわれますが、このキレイな決算書をつくるには「自己資本比率を高める」ことで、不動産賃貸業の場合はクリアできると思います。

本来はもっと複雑な見方もあっての評価となりますが、不動産賃貸業はとてもシンプルな事業です。賃貸業専業で「キレイな決算書」をつくるのであれば、この「売却を交ぜて、自己資本比率を高めながら買い進める」ということが、最も効果的な戦略になると思います。

不動産賃貸業は、借り入れをしてレバレッジを利かせることで拡大していく事業なので、規模が大きくなればなるほどキャッシュフローは増えますが、貸借対照表（BS）はキレイになりにくい事業でもあります。

むしろ、短期で買い進めていけばいくほど、自己資本比率は下がり続けていく事業です。負債は増え、手元資金も経費として計上し、現金が減るわけですから。

ちなみに私の法人は、不動産も多数所有していますが、いまでこそ自己資本比率は70%を超えています。複数の事業を組み合わせている背景もありますが、賃貸業だけでいうと、売却をしっかり交ぜて利益を増やしていることが最大の理由です。

借り入れも3億円以上ありますが、相応の手元資金もあるので、銀行からは健全な決算書と評価されています。

こういった銀行の目線で融資をしたいと思われる決算書のつくり方というのも意識して買っていく必要があります。

「1000万円単位のキャピタルゲインを狙う」ことのメリットの2つ目は、純粋に諸費用分の手元資金が増えていくことです。

前述したように3億円の物件を買おうとすると、2000万円ほどの諸費用が必要です。ところが、キャピタルゲインを交ぜて投資をすることで、手元資金に余裕が出ますので、拡大していくことが現実的になるわけです。

よくセミナーで「藤山さんは、どうやって短期間で規模を拡大できたのですか?」「もともと手元に自己資金がたくさんあったからですか?」といった質問を受けますが、本書で繰り返し申し上げているように、不動産投資をはじめたとき、私の自己資金は本当にゼロでした。一応は上場企業ではありましたが、私は給料をもらった分すべて使ってしまう「ダメダメサラリーマン」でした。

今だからこそ言える、私の当時のお恥ずかしい話をします。

当時、給料日は毎月25日支払いだったのですが、25日に給料が振り込まれ、10日後には9割方使い切っている生活を毎月送っていたのです。

しかも、そのお金は自己への投資や書籍に使っていたわけでもなく、ただの飲み代です。体育会系上がりということもあり、後輩と飲みに行くときは「必ず年上が奢る!」というポリシーが勝り、無理をしてでも全額奢っていたのです。

見栄だけあってもお金はなく、給料日前には、会社に通勤する電車賃すら手元にないこともありました。会社から定期代として支給される交通費すら使い込んでいたのです。

当時の私は、それを半年に1回入ってくるボーナスだと思い込み、入った瞬間に全て使っていたわけです。しかも何も残らないような「飲み代」にです。困った時は仕方なく親に借りたり、後輩にお金を借りたりして何とか食いつなぎ、給料日の25日に日付が変わった瞬間、会社の一階にあるコンビニへ走って行き、お金を下して借りたお金を後輩に返す……非常に恥ずかしく情けない生活を送っていました。

ときには、お金がないので食事も摂らずに過ごし、あまりに空腹すぎて25日の深夜0時10分前にコンビニのATMの前で、0時になった瞬間にお金を引き下ろし、後輩を連れて高級な焼肉を食べ、またお金がなくなるというバカな生活を送っていました。

そんな状況でしたので、1棟目は親から借りた200万円で、2000万円強の物件を購入したのです。

ただ私は、この物件を数ヶ月後に売却しています。売却額が、まさかの4000万円弱です。今考えると、完全なビギナーズラックではあったものの、とにかくキャッシュフローが出る物件を、「相場より割安に買うこと」を意識していたからこその結果だとも思っています。

この話をしていてよく聞かれるのが「半年でそんなに値上がりしたのはなぜですか?」という質

問です。

ただ、これは勘違いをされていて、「数カ月で相場が変わり、価格が上がったわけではない」のです。私が安く買って、もともとの相場の値段で売っただけなのです。私が口を酸っぱくして「物件を購入したときに勝ち負けが9割決まる」と力説するのは、そのためです。

とにかく安く買うことさえできれば、購入価格よりも高く売れます。正に、第3章で説明したように、このような相場よりも安い物件を取得し、その「含み益」を売却したことで、自己資本比率が高まり、貸借対照表（BS）も評価が良くなっていくわけです。

私の場合、1棟目のキャピタルゲインが2000万円弱ほど手にしたことで、銀行からの評価や見方も少しずつ変わり始めました。その後、拍車をかけるように、一気に泥臭く銀行を自分で開拓したことにより、短期間で規模拡大できるようになりました。

それからというもの、私は購入と売却を繰り返し、とにかく自己資本比率を上げていくことを意識しました。

私は、世間一般でよくいわれるインカムゲインだけを重視して、割安ではないけれど、融資のまやかしでキャッシュフローが出る物件を買い続けるのではなく、売却を交ぜて買ってきたことにより健全な決算書ができあがったわけです。

このような話はあまり書籍では語られませんが、短期で規模拡大し、会社を辞めても事業性融資で買い進められている人の大半は、売却を織り交ぜた戦略をとっている（もしくは書籍上では隠して、もともと自己資金を手元に持っていた、あるいは相続をした等）ことが多いと想像します。

売却を戦略的に取り入れることで、自己資金が一気に補充されます。これによって自己資本比率が高まって、次の融資が組んでいけるようになるのです。

■家賃収入（目標）を達成するための、売却（手段）であること

とはいえ、長期でインカムゲインを狙う人は売却を嫌う人が多いといえます。実際に私もそうでした。不動産を1件買うのは区分でも一棟でも同じで、非常に労力がかかるものです。

せっかく苦労して見つけて買った物件を売るとなれば家賃収入が減ってしまうので、目標から遠ざかっていくように感じるものです。とりわけキャッシュフローを潤沢に生んでくれる優秀な物件だと尚更です。

この気持ちは私もとても理解できるのですが、あくまで最終的なゴールを明確にして、そこにたどり着くため戦略的に売却を織り交ぜる、という考え方が大切なのです。

つまり、売却を織り交ぜることはゴールから遠のくわけではなく、より早くたどり着くための一手なのです。

ですから、いくらキャッシュフローが出ている優秀な物件でも、結果的に短期で目標達成するために、ネガティブにならずどんどん売却をしていきましょう。

02 「土地から探す賃貸併用住宅」という投資法

■再現性が高く歪みのある投資法を狙え

ここまで、不動産投資における基礎的な知識や売却を交ぜた拡大戦略についてお伝えしてきましたが、それらを踏まえたうえで、初心者の人が実際にどのように行動していくべきなのかを話しましょう。

不動産投資では「歪み」を狙っていくことが大切だと前に書きました。

しかし、いくら歪みがあって利益がとりやすい投資法であったとしても、その方法を実践できなければ意味はありません。つまり、誰がやっても同じように成果が出る「再現性の高い投資法」を学ぶ必要があるのです。

不動産投資の書籍には、実にさまざまな投資法が書かれています。その多くは「誰でもできる」ことを謳っていますが、本当に再現性のある（＝今のあなたが実践できる）ものはホンのごくわずかです。実際は、その投資家が手元資金をたくさん持っていたから、あるいは地主の子どもで人脈がすでにあったから……このような事例が大半を占めているのです。

■今の時代で初心者が参入すべきではない市場

それを踏まえて、今の時代に初心者が参入すべきではない市場をお伝えしましょう。

現在、不動産の市場価格はとても高騰しています。正直に申し上げると、これから不動産投資を始める初心者の人が、巷にあふれるような中古物件を1棟購入し、転売して2000万円～3000万円の売却益を得ることは、まず不可能です。仮にそんな物件があったとすれば、資金力のある人が現金で買っていくのが今の時代です。

実際に私も、転売ができる物件なら、私がみなさんより早く現金で買っているでしょう。

したがって、今の中古物件の市場では、初心者がとても勝ちにくいし、利益を出しづらい。これをまず覚えておいていただきたいと思います。

数年前からたくさんの不動産業者が、「キャッシュフローが出る物件ですよ。融資は自己資金ゼロでも、弊社がアレンジします」といった謳い文句で、オーバーローン物件の営業をしています。

しかし、オーバーローンで買える物件は、非常に割高なものがほとんどです。9割は買ってはいけない物件です。しつこいようですが、「相場より割安に買う」これだけはどんな投資法でも譲れないことです。

本来ならば、潤沢なキャッシュフローを得ることが目的なのに、「買う」ことだけが目的になってしまい、「資金なしでオーバーローンで買える」という内容だけで、割高な物件を買ってしまう投資家の相談が後を絶ちません。

たとえば、「借入1億円に対してキャッシュフローが2～3%出れば合格」と口にする不動産業者がいますが、これは業者にとって、都合のいい数字なので絶対に信じてはいけません。これが税金まで計算された本来のキャッシュフローであればまだマシですが、実際は税引き前で表現している方が大半です。

実際にその程度のキャッシュフローだと、空室が10%～20%出たり、市況の変化により、金利が1～2%上がったりしたら、手元に残るお金はほぼなくなることでしょう。別章でも説明をしましたが、様々なリスクに耐えられないとても危険な収支であることを理解してください。

第2章でも事例に出しましたが、「10億円分の物件を所有して、家賃収入は1億円です」と声高に自慢している投資家さんがいます。一見、すごそうに見えるのですが、もしもキャッシュフローが先ほどの2%であった場合、2000万円ほどになります。ほぼ満室で運営できている分にはいいと思うのですが、5年後も10年後も100%満室が続くなんてことはありえません。

さらに恐ろしいのは、10億円規模の通称「メガ大家」さんにも、手元資金をほぼ持ち合わせていない人が多いという現実です。これは実際に困っている方が私のところへ相談に来られるようになり実情を知りました。

もちろん、なかには堅実に運営されている方、長期にわたって投資しているので残債が減っており、安定した運営をされている方もいますので、全てがそういうわけではありません。

しかし、手元資金が少ない人は、第4章で説明した貸借対照表を見れば、非常に自己資本比率の低い事業となります。この場合、事業性融資を引いて規模拡大していくことができないのです。よく有名な投資家さんでも、会社を退職したあとに買い進められなくなる方がいます。書籍で「資産◯億円！　家賃年収◯億円！」と謳っていても、その後ずっと規模が変わっていないパターンです。

ですから、資産規模◯億円とか、家賃年収◯千万円という表面的な数字に惑わされず、本質的な部分に気をつけて、規模拡大をしていけるようになりましょう。

2〜3％のキャッシュフローで十分という謳い文句は絶対に信じてはなりません。私の場合、1億円あたりのキャッシュフローは7〜8％です。騙されている方々と同じ借り入れでも、3〜4倍の収益性があるわけです。例にあげた投資よりも圧倒的に安定性があり、リスクが低いといえるでしょう。

とはいえ、キャッシュフローだけを重視しすぎて、リスクが高すぎる、拡大が遅い物件を選んでしまっては元も子もありません。

たとえば、築古物件をリフォームで再生させる投資法が最近流行っていますが、あまりに古い物件ともなれば、リフォームについてもそれなりの知識と経験が求められます。どなたか教えてくれる人がいればいいのでしょうが、私は初心者には難易度の高い分野だと考えます。

私の友人にも築年数不明や、大正築の物件を所有している人もいますが、リフォーム経験が豊富だからこそ、物件を再生させて高利回りが叩き出せているのであり、知識が乏しい初心者にはあまりにもリスクが高いのです。

リスクが高いという意味では、地方の物件も同様です。今の時代に、実績も信用もない初心者の人が、いきなり土地勘もない地方の物件を購入したところで、難しいことは目に見えています。よく「歪みを狙いましょう！」と私が言うと、これを「とにかくリスクを恐れずに、知識もないのに突っ込んでいく」と勘違いする人がいます。そうではなく「知識やノウハウを身につけて、その許容できるリスクをとりにいく」という意味なのです。

■オススメしたいのは「自分でゼロからつくりあげる新築物件」

それでは、初心者がこれから不動産投資を始めるにあたって、どの市場に参入すればよいのでしょうか。

ここまでの話を簡単にまとめると、ポイントの1つ目は「勝てていない市場では戦わない」こと。つまり、競争が激しく、自己資金が豊富な人たちの土俵で戦ってはいけないということです。繰り返しになりますが、オーバーローンで割高な物件を買って不動産業者さんの餌食になることは絶対に避けなければなりません。

2つ目は、「リスクが高すぎる物件には手を出さない」こと。初心者が手堅く利益を狙うために、わざわざ歪みを狙う必要はありますが、リスクが高すぎる物件は手を出さないでください。

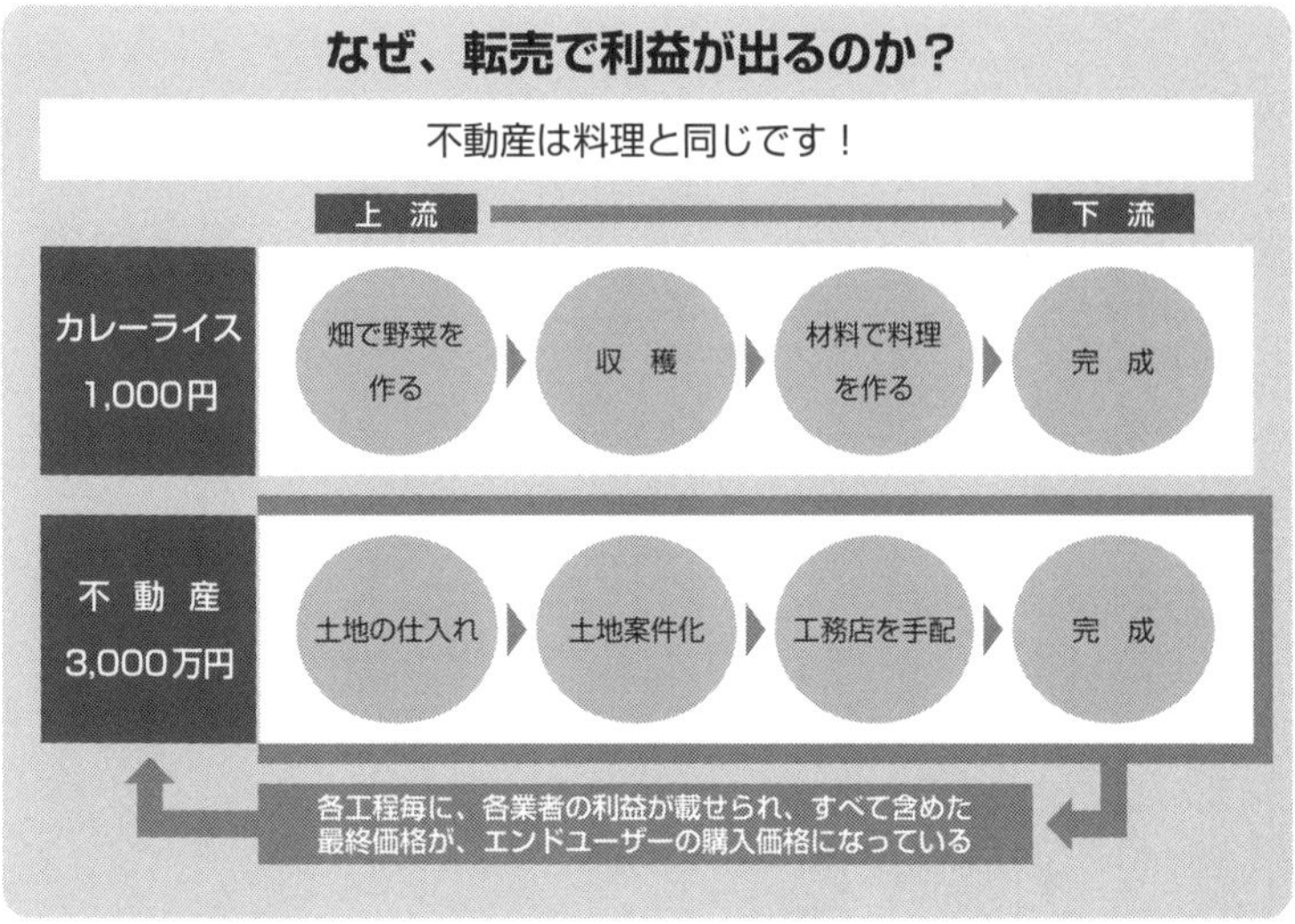

この2つを踏まえて私が「初心者が1棟目に買う対象」として提案するのが、新築物件です。

私が「新築」という言葉を口にすると、「なんだ新築か」と感じる人もたくさんいると思います。新築アパートは2〜3年前くらいに何冊も書籍が出てブームになったことがあるので、同じイメージを抱かれるのかもしれません。

しかし、ここで私が言っている新築物件とは、ただの新築物件ではありません。どういうことなのかを詳しく説明しましょう。

■不動産は料理と同じ

私はよくセミナーで「不動産は料理と同じ」という話をします。

私はカレーライスがとても大好きで、いろんなдетии域のカレーライスを食べに行っています。当たり前ですが、エリアによってはただのカレーライスでも価格が大きく異なるわけです。たとえば、銀座で食べれば2000円するカレーも珍しくないわけです。

前頁の図を見ていただくとわかると思いますが、物が作られるまでには、上流から下流までの各工程というものがあります。

カレーライスを例に出すと、まずは畑で野菜が育てられ、それらを収穫して料理をつくられ、最終的に完成したものが私たちの手元に出てきて、その対価としてお金を払うわけです。

実は、不動産もこの流れと同じです。

世のなかに流通している不動産は、完成されたものです。しかし、そこまで行き着くには上流から下流までさまざまな過程があります。たとえば、上流部分の土地の仕入れだと、空き家が建っている、持ち分が複雑になっている、まだ造成されていないようなものもあるわけです。これらを、まず土地を案件化します。

山であれば切り崩して造成して宅地に変える、空き家であれば解体して更地にする、擁壁があればつくり直すなどを行ったうえで、設計士にプランを入れてもらい、工務店に建物を建ててもらい、初めて不動産が完成します。そして、これを土地の仕入れから企画して販売するような企画販売業者などもここの間に入っているわけです。

当然、これらの工程には多数の業者さんが関わるわけですから、マージン（利益）が上乗せられています。つまり、このマージンを削減できれば、割安で買えるということです。

カレーも同じで、銀座で2000円だったとしても、自分で野菜を育て収穫し、自分で料理をして自宅で食べれば、おそらく原価200〜300円くらいで、それなりに美味しいカレーが食べられるでしょう。

不動産の場合、たとえば3000万円の物件があったとしたら、マージンを省くことで、2000万円〜2500万円くらいまで安くできるわけです。

これは、正に建売業者がやっている手法です。土地を仕入れて案件化して販売している建売業者は、こうやって利益を出しているのです。

ですから、同じこと(企画)を自分でやることができれば、これだけ高騰している市況のなかでも、最初から割安価格で物件を建てられるのです。

先ほどキャピタルゲインの重要性について話をしましたが、そもそも「相場よりも割安で買う」ということが実現できれば、私の1棟目のように、いつ売っても高く売れるという「含み益」のある状態をつくれるのです。

よく「新築を狙う理由について教えてください」「新築はNGとよく聞くのですが、どんな仕組みがあるのですか?」という質問を受けます。書籍でも紹介されているのは、業者がアレンジした新築アパートや建売物件などです。

しかし、こういった物件は十分に利益が上乗せされているので割高です。3〜4年前であればまだ安い時期もありましたが、今の市況では、新築アパートも新築建売もかなり高騰しています。こういった物件を借り入れして買ってしまうと、キャッシュフローがほぼ出ないということになってしまいます。

前述のとおり、不動産は料理と同じです。特に建売の場合、多くの業者が関わることで、その分の費用が必要になります。だからこそ、土地から探し、自分で建ててマージンを省くことにより、価格を圧倒的に抑えることができるのです。

中間マージンを省き「土地から探す新築案件」は、再現性も高く、初心者でも口を酸っぱくして本書で伝えている「相場より割安に買うこと」を実現できるオススメの投資だと思います。

■なぜ新築アパートではなく、賃貸併用住宅なのか

さらに、私がオススメするのは、新築アパートではなくて、賃貸併用住宅です。

賃貸併用住宅を勧める理由は、まず「需要と供給のバランスに歪みがある」ということと、「住宅ローンを使えるため、敷居が低い」からです。

新築アパートというのは、すでに相場があるわけですが、賃貸併用住宅に関しては、「ほしい人は多いが物件は少ない」状況にあります。つまり、需要が多く供給が少ないのです。

賃貸併用住宅が建ち始めたのは、直近10年くらい前のことではないでしょうか。最近は、ただ家を建てるのではなく、賃貸収入を得ながら良い場所に住むというライフスタイルがとても注目さ

れています。賃貸併用住宅関連のセミナーも増えてきましたし、専門で取り扱う業者さんも増えている印象です。インターネットでの検索ワードも実際に上がってきているように思います。

その需要に対し、供給が圧倒的に足りていないのです。ですから賃貸併用住宅は相場よりも高い価格で取引されています。

たとえば、不動産物件の検索サイトで有名な『楽待』や『健美家』で検索してみてください。都内23区の築浅の賃貸併用住宅は、利回りが3～4％などで売りに出されているものもあります。一方、新築アパートを探すと、同じエリアで同じグレードでも利回りは5～6％くらいです。私はこの差に「歪み＝旨味」があると思っています。

したがって、新築で割安に賃貸併用住宅をつくることができれば、この歪みを狙えるわけです。歪みを狙うことの大切さは、繰り返してお伝えしてきましたが、初心者でもこの歪みがとりやすく、中古物件のように競争も激しくない投資が、土地から探す新築の賃貸併用住宅なのです。

ここで少しだけ、私が代表を務める会社の紹介をさせてください。実は、私が代表をつとめる株式会社NSアセットマネジメントという会社では、様々な不動産投資家のためのサポートプログラムを運営しています。

その中の1つに、土地から探す賃貸併用住宅建築プログラムというサポートを運営しています。我々は建築会社ではないので、建物を建てるわけではありませんが、前述のとおり「上流から下流までの中間マージンを省き、割安に建てる」ことを実現させるためのサポートを行っているわけです。

自己資金ゼロからオーバーローンで買うことも可能ということ、年収400万円からでも参入できること、実際に運営メンバーが不動産投資家であり、「投資として良いもの」を提案することができることが強みです。

勘違いをしていただきたくないのが、私たちがアレンジするオーバーローンとは、前に取り上げた二重契約（契約書を2通つくって書きあげる）のような、有印私文書偽造に当てはまるイリーガルなものではありません。

しっかりと資金繰りと案件を整理して、私たちのサポートを経て諸経費も含めたオーバーローンを実現させます。こうした点にも初心者の方にはオススメです。

そうとはいえ、この賃貸併用住宅に関しては、以下のような様々な疑問もあるかと思います。

・上流から関わるといっても、初心者が土地探しなんかできるの？
・住宅ローンを組んでいるけど、賃貸併用住宅を買えるの？
・地方に住んでいても賃貸併用住宅は買える？
・自己資金がなくても買えるの？
・本当に大きな売却益を狙えるの？

本当は本書の中でも、すべてのご質問にお答えできればいいのですが、あくまで本書は私の不動産投資の戦略や考え方について書かせていただいたものです。

私たちは賃貸併用住宅のセミナーを適時開催していますので、ご興味がある方、ご不明点がある方は、巻末の告知（239ページ）から無料プレゼントをお受け取りいただければと思います。

この書籍でお伝えさせていただいたメインの拡大戦略をまとめると以下になります。

・継続して拡大していくためには、事業評価を得て、事業性融資を引いていく重要性
・そのためには、「キレイな決算書」が必要、事業として評価される状態をつくること
・キレイな決算書をつくる＝自己資本比率を高める必要がある
・そのためには「相場より割安に買う」ことを徹底し、含み益がある物件を買う
・物件売却によって、一気に自己資本比率を高めること

こういった道筋の中で、実現させる為のファーストステップとして、土地から探す賃貸併用住宅という投資法は、これから不動産投資を始める方にとてもオススメな投資法です。

03 これから拡大していきたい皆さんへメッセージ

■勉強に時間をかけすぎず、とにかく早く始めてほしい

最後になりますが、私が経験を得たなかで、どうしても皆さんにお伝えしたいことがあります。

不動産投資を始めようしたとき、不安に思うことがたくさん出てきます。私も最初は同様で、なかなか1棟目が買えませんでした。なぜ不安になるかといえば、「知識がない」からです。そう悟った私は、2~3カ月で数百冊は関連書籍を読み、ありとあらゆるセミナーに参加し、高額なDVDも買い漁り、お金をかけて勉強しました。

ただ、どれだけ勉強しても不安がなくなることはありませんでした。

実際に物件を購入して気づいたのですが、不動産投資は始めてみないと分からないことが9割です。書籍やセミナーなどで語られることは1割くらいだと思ってください。

よく書籍では「1棟目がすごく大切」「1棟目を買って失敗したら、もう買えなくなってしまうよ」などと書かれており、この言葉を信じてずっと買えない人がたくさんいます。

しかし、1棟目を買って失敗するということは、本当にダメな投資を避けていれば、ほとんどあ

りません。

この書籍をしっかり熟読して理解しているだけでも、そう簡単に騙されたりはしないはずです。購入後に起きるちょっとした事故や、ミスなども9割以上は知識やノウハウでカバーできる事業だからです。

もちろん、「勉強は不要」と言うつもりは毛頭ありません。ただ、勉強する際は、期限をしっかり区切ってください。私は1〜2カ月で十分だと思っています。書籍なども投資家にオススメしてもらう10冊程度で、おおよその知識は身につきます。

短期間でもいいので集中して勉強し、それ以上はとにかく早く行動に移すことを主軸に置いてください。

実は、不動産投資を始めようとする人を対象に個別面談を2年ほど続けていますが、つい先日、とても印象的なことがありました。

2年前の面談で、ある男性Aさんと一度お会いしました。その人は私と同世代で、年収もそこまで高くなく中堅企業にお勤めの会社員で、これから不動産投資を始めたいということでした。私はアドバイスをいくつかしたうえで「これから頑張ってくださいね」と言って別れたのですが、その人が先日2回目の面談ということで「2年ぶり」にまたいらっしゃったのです。私も久しぶりだなと思って、面談を楽しみにしていました。

そして、こんなやりとりをしました。

私：「どうですか、最近？」
Aさん：「実はまだ不動産投資を始めていないのです」
私：「何かあったのですか？　この2年間は何をしてたんですか？」
Aさん：「騙されないように、勉強していました」

その男性は、キャッシュフローを得て人生を豊かにしたいと思って、不動産投資を始めようとしたのですが、2年間ずっと勉強だけをして一切行動に移せなかったのです。

この2年間で市況は大きく変化しました。2年前だったら不動産投資を始めて大きく拡大できた可能性も十分にあります。なのに、もう不動産投資が始められない状況に自分で追い込んでしまったわけです。

振り返れば私は、この2年間で人生が大きく変わりました。収入や自己資金はもちろん、ライフスタイルや周りの人脈、家族への対応など、幸福度が劇的に上がりました。

ただ、その男性は私と同じような夢を見たものの、勉強をしている間にチャンスを逃してしまったわけです。今の不動産投資市況はもう向かい風の状態です。融資も引き締め傾向にあり、来年はもっと市況が変われば、始められる人というのは減っていきます。勉強をして時間だけ過ぎていくのであれば、とにかく早く行動して始めましょう。

■月間キャッシュフロー100万円では、会社リタイアは程遠い

よく書籍に「キャッシュフロー1000万円を目指しましょう」「月間キャッシュフロー100万円を目指しましょう」などと書かれていますが、そのレベルだと会社を辞めるほどの余裕は正直ありません。

かつては私も月間キャッシュフロー100万円を目標にしていて、不動産投資を始めて1年ちょっとで達成することができました。

しかし、会社は怖くて辞められませんでした。不動産投資をしている人は、ある程度の属性がある人が多いと思います。大学を卒業して、年収も同世代よりも高く、上場企業などに勤めている。そういう方がこれまで手に入れたキャリアを投げ捨て、いきなり自営業になるというのは、かなりの覚悟が必要です。

私はそんなに大したキャリアではなかったのですが、最後に勤めていた会社は一部上場企業のディー・エヌ・エーという会社でした。退職することには非常に迷いました。

不動産投資は、大きな借り入れをするスタイルなので、たとえ月間のキャッシュフローが100万円でも、その背景には数億円規模の借金があるわけです。予期せぬ修繕や空室などのリスクを考えると、月間100万円は決して十分に安心できる金額ではないと私は感じました。

もちろん、これはその人のライフスタイルにもよると思います。月にして5～10万円しか生活費

を使わない方であれば、100万円でも会社を辞められるでしょう。ただ不動産投資でリタイアすると、時間の余裕が生まれるので、旅行に行きたい、贅沢をしたいと、会社員時代よりもグレードの高い生活をしたい欲望が生まれてきます。

ですので、会社を辞めたらどのようなライフスタイルを送りたいのか、どれくらいのお金が必要なのか、毎月どれくらいの貯金をしていけばいいのかなど、しっかり組み立てたうえで会社をリタイヤしていただければと思います。

■不動産投資コンサルタントを名乗る悪徳業者に騙されないでほしい

まず申し上げておきますが、私はたくさんの素晴らしい不動産業者の担当者さん、不動産投資コンサルタントの方を知っています。思い浮かぶ方は本当に信念を持った素晴らしい方々です。

しかし一方で、自分たちの利益しか考えていない悪徳業者やコンサルタントも数多くいるのです。正直な話、割合としてこちらの方が多いといえるのが現状でしょう。

特に不動産業界はブラックボックスで、ビジネスマンとして会社で働いている方だと、業者とのやりとりで、疑問に思うことがたくさんあるのではないでしょうか。

社会人としてのモラル、たとえば二重売買契約や債務を隠しての拡大、自己資金や源泉徴収を偽造したりなど。私はこれが悪いというわけではないですし、批判するものでもありません。利用するかどうかは賛否両論ありますので、結局のところ自己責任であると捉えています。

しかし、まだ何も分からない初心者の方々に、「これで大丈夫、信じてください！」と安心させて、割高な物件や全くキャッシュフローが出ない物件を提案してくる業者やコンサルタントは、本当にたくさんいます。

実は、私は会社を退職したあと、不動産投資家のサポート事業をやるつもりは一切ありませんでした。しかしながら、個別相談を受けているなかで、業者やコンサルタントの餌食にされている方がかなり多く存在することに驚きました。

当初は本人も気づいていないわけです。それが1、2年経って気づいて相談にやって来られます。正直に言えば、騙された本人が悪いのです。全く知識もなく、始めようとしたわけですから。

しかしながら、「これはダメな投資だ！」と理解しつつも、利益のために勧めている、不動産投資コンサルタントも悪いです。そういった方々をたくさん見たことをきっかけに、サポート活動を始めようと決意しました。

コンサルタントをしている不動産投資家は、自分ならば買わない物件を提案しています。このような人たちを業界から排除したいという思いで、私もこの会社を立ち上げたのです。こういった方々にはくれぐれも騙されないでください。

それでは、どうしたら騙されずにすむのでしょうか。

それは、「信頼できるメンターをつくること」と、「最低限の勉強をすること」の2つです。

ここで私が提唱する最低限の勉強とは、書籍でいうと最低10冊以上です。メンターが選定する10冊の書籍を読めば、最低限の知識は身につきますし、あとはセミナーや大家の会へ積極的に参加していれば、ダメな投資法や悪徳業者・コンサルタントの名前まで知ることができるはずです。

■賃貸業（大家さん）には、「自己投資」と「決断力」がとても大事

まず「自己投資」についてです。現在私は、不動産投資家の方々をサポートする会社や自身の資産管理法人を含め、会社を6社経営しています。その経験を踏まえて言えることは、知識の有無によってこれだけ利益が変わる事業は、不動産賃貸業以外にないということです。

不動産賃貸業の場合、情報を1つ知っているか否かで数百万円～数千万円、ケースによっては数億円の利益が変わります。ここまで顕著に知識の差が表面化する事業も他にありません。

ですから、自己投資は惜しまず行ってください。書籍を買ったり、大家さんの飲み会に参加したり、自分が興味のある不動産投資家へのコンサルティングを受けたり……私は不動産投資を始めると決めてから今までの4年間で、1000万円以上は自己投資にお金を使っています。この金額を多いと思われるかもしれませんが、投資した金額は、その十倍以上にもなって返ってきています。もし投資をしていなかったら、おそらくここまでの利益は絶対に出せなかったでしょう。

次に「決断力」についてです。

私は、大家業の仕事とは「決断をすること」だと確信しています。不動産投資には、ほぼすべての業務を外注できる仕組みが整っています。

たとえば管理会社・保険会社・リフォーム会社・銀行などです。それゆえに大家さんは実務能力よりも関係各所を束ねるリーダー的役割が求められるのです。

リーダーは指針を示して決断をしなければなりません。私の場合は、「即決断」にこだわっています。空室が出たとしたら、リフォームをどうするのか、家賃はいくらにするのか、募集条件はどうするのか、どう動いてもらうのかなどを最速で決めます。

また物件を購入するフェーズにおいても、決断力は非常に問われます。数億円の物件を1~2時間で決断しなくてはならない状況も珍しくありません。

決断力を高めるためには、各フェーズの業務を細かく把握し、数字で明確に判断できるようになるまで経験値を蓄積する必要があります。たまに勢いだけで決断する方もいますが、これは「決断力」ではありません。

何も考えていないので、「決断」ではなく「思考停止」です。しっかりと決断できるような知識、判断基準を磨くことが大事です。

■自分に適したメンターを持つこと

私はこの4年間、独学で不動産投資をしてきました。基本は特定の人に教わらず、自分で考えながらやってきました。

ただ、いま振り返ってみると、正直とても遠回りをしたと後悔しています。たしかに数字だけを見れば、短期間で拡大しているわけですが、もし信頼できるメンターがいたら、もっと早く、確実に買い増して利益を出せていた、つまり自分が目標としているゴールに最短で近づくことができたはずだと思っているのです。

ですから、必ず自分に適したメンターをつくってください。

そこで勘違いしてほしくないのは、いろんな投資スタイルから良いとこどりをして、自分流で実践するのは絶対にNGということです。

書籍やセミナーでは、多くの成功した投資家さんがいます。その投資スタイルは、築古の戸建再生、新築アパート、都内の築浅RC、地方の築浅RC、シェアハウス、民泊など実にさまざまで、どれが絶対に正解ということはあり得ません。それぞれメリット・デメリットがあるわけで、トータルを実践することでノウハウが成立しています。

ですから、方々から少しずつ良いとこ取りをして、自分でアレンジしようとすると必ず失敗してしまいます。

どうぞ自分に適したメンターは必ず1人だけにしてください。メリットだけでなくデメリットもあるはずですが、それはどの投資法も同じです。全てを受け入れて、アレンジせずに完全に真似をする。

これが成功の最短ルートです。自分のオリジナリティを出すのは、ある程度まで成功をしてからでも十分間に合います。

■不動産投資で得たもので、「何をしたいの?」を明確にしてほしい

最後になりますが、私が最も大事にしていることなので、強くお伝えしたいと思います。

私は、不動産投資でさまざまな「自由」を手に入れました。

具体的に言うと、精神的自由、経済的自由、時間的自由などです。

年収はディー・エヌ・エーに勤めているときの手取りで20倍以上、恐らく今期においては40倍程度の収入金額になります。物件の資産規模では数億円レベルに達しています。純資産を見ても、もともと自己資金ゼロから始めたにもかかわらず、現在は約4億円近くまでに達します。

繰り返しの話になりますが、よく「会社の仕事が嫌で、早く辞めたいから不動産投資で成功したい」という人がいます。

しかし、このような人は絶対に成功できません。目の前の仕事から逃げて実績を残せないような人が、不動産投資で成功するとは到底思えません。

まずは今の会社から認められるくらいの実績を出しましょう。それくらい本気にならないと、不動産投資で成功するのは不可能です。

業者や不動産投資家、コンサルタントは、「長期的に不労所得が得られますよ！」「オーバーローンで買えますよ！」と甘い言葉をささやいてきます。ただ、不動産投資はれっきとした事業です。成功する人もいれば、失敗する人もいます。

私の実感としては、100人の不動産投資家に会うと、本当の意味で成功している人、この人はすごいと思える人は1割もいないのではないでしょうか。

家賃年収が1億円あっても、キャッシュフローが出ていない方、10億円の物件規模でも、自己資本比率が低く、個人評価でしか融資を引けない、会社を辞めたあとに拡大ができなくなり、他の収入源で必死に走る方はたくさんいるわけです。

これから不動産投資をスタートさせる皆さんには、まやかしの成功ではなくて、真の成功を掴んでいただきたいと切に願います。

第6章

20代から不動産投資を始めた私の物件購入記

■不動産投資を始め、会社を退職するまで

ここからは、私が1棟目を買ってから会社をリタイアするまでの購入物件の話をしていきましょう。

【1棟目】

2013年の10月から会社を休職をしていたので最初の2ヶ月はひたすら勉強していました。このときに購入して読んだ書籍は300冊を超えます。当時ディー・エヌ・エーに勤めていたのですが、貯金はまったくのゼロ。毎月全てをキャバクラやらの飲み会で全てを使いきるようなだらしない浪費家の会社員だったのです。

全く資金がなかったために、両親に頭を下げて200万円ほどお金を借りました。兄が亡くなったので両親の面倒は私が見るということ、自由な生活を手に入れるためには不動産投資が必要であるということ、今これだけ勉強しているというプレゼンをして200万円を借りることができました。このときのプレゼンは、それまでの営業経験が非常に役立ちました。

最初は、「まずアパ」で知られる「まずはアパート一棟買いなさい」の著者である石原さんの本に影響を受けていたこともあり、とにかく利回りが高い、地方の物件なら何でもいいやと、安易に考えていました。

物件は、東広島市という田んぼが多いエリアにあり、昔ながらの米所です。ただ、20年ほど前か

ら広島大学のキャンパスができ、それからは学生需要が増えました。また各種企業の工場なども増えており、割と発展してきているベッドタウンです。とはいえ、政令指定都市の広島市よりも土地がかなり安く、利回りが高いことが期待できました。

最初は広島市内で物件を探していたのですが、そもそも広島エリアは需給バランスがとても整っています。もともと広島県は山が多く、平地が少ないので物件数が多くないのです。

不動産投資の観点でみると賃料も下がりにくいですし、入居もつきやすい。そして金融機関の融資が他県と比較してとても緩いのです。ただ、融資が緩く物件数が少ないことから、価格も非常に高いのです。

10件くらい買い付けをしたのですが、どれもうまくいかず、最初に通ったのが東広島の物件でした。決済したのは2013年12月です。築年数20年のエレベーターがない重量鉄骨4階建のマンションでした。価格は2200万円で、満室想定利回りは24%です。22世帯中、20世帯が埋まっていました。

このくらいの価格なら、万が一失敗しても何とかなると思い、す

1棟目物件

購入時期：2013年12月

概要：重量鉄骨　1R　22世帯

利回り：24%

融資：期間20年、固定金利2.4%

月間CF　\332,000

ぐに買い付けを出しました。当時は今よりも高騰していませんでしたが、そのなかでもかなり割安です。このエリアでも築20年で、利回り20％以上の重量鉄骨というのは、かなり割安感もあったと思います。

不動産業者に初めてお会いしたとき、「とにかく買いたい！」という気持ちを強く伝えました。買い付けは私が一番手だったのですが、その後1日の間で多くの買い付けがきたそうです。それでも私の熱意がしっかり伝わったのか、一番手でグリップしてもらえました。

融資は、物件の買い付けを入れてすぐ持ち込みました。休職期間の最初の2カ月は不動産業者と銀行をひたすらアタックしていたので、自分がどこの銀行でどのくらいの融資を組めるのか、を全て明確に把握していました。

最初は日本政策金融公庫からお金を借りようと思っていました。私がまだ20代ということもあり、「女性・若者・シニア起業家支援資金」という創業融資を利用し、20年の期間で、固定金利2.4％でした。

2200万円で利回り24％なら、月のキャッシュフローで、満室想定で33万円近く入る物件でした。

初めての物件で不安はありましたが、書籍を読んで最低限の知識は身につけていましたので、キャッシュフローがきちんと出る物件を選べたという自信はありました。

話は少し戻りますが、亡くなった兄の財布には3万円が入っていました。

その3万円を母親から渡され、私は自分の実印というものを初めて買いました。これを兄の形見と考えているのですが、それまで私は個人の実印を持ったことがなく、不動産を買うなら良い印鑑があったほうがいいと思ったのがきっかけでした。

そういう意味でも、この物件は初めて実印を使って決済した、非常に思い出深い物件です。

無事物件を購入したタイミングで、そろそろ休職期間が終わろうとしていました。延長しようか迷ったのですが、両親ともに回復し、翌年1月から仕事を再開するということでしたので、私も職場へ復帰することにしました。またしっかり稼いで不動産を買おうと思ったのです。

2014年1月からの1年間、私は仕事をしながらとにかく不動産投資に集中していました。朝起きたらまず物件を探す。昼休憩になったら買い付けを入れて、業者に交渉し、夕方になれば再び交渉する。そして毎週金曜日の夜には広島へ帰り、土日を通して物件を見て、月曜の朝に銀行へ持ち込み、月曜の昼から新幹線で東京に戻って仕事をする……という生活を繰り返していました。

この1年間で広島に行った回数は48回。1年は52週と1日ですから、ほぼ毎週帰っていたことになります。

【2〜4棟目】

1棟目を購入したことで、自己資金は完全に底をついていました。購入費用は100万円ほどでしたが、修繕をすると両親から借りた200万円はなくなっていたのです。

そして、次の物件は関東圏にある一棟物件を買おうと思いました。それこそ、石原さんの本に書かれていたような北関東の木造アパートです。ただ、関東で融資に関する知識が一切なかったので、自分が使える銀行をまずはとにかく当たることにしました。

自己資金がないからオーバーローンしか選択肢はありません。オーバーローンのリスクや違法性を理解していないまま、業者さんから勧められたスルガ銀行から融資を受けて、2棟目を購入することになります。現在は既に借り換えていますが、当時はまだ融資の知識もほとんどないままに購入してしまっていたのです。

当時、すでに東京や神奈川の物件は価格高騰が始まっており、私が求める利回りをクリアできる物件はなかなか出てきませんでした。

2014年5月、ようやく群馬県の伊勢崎市で購入基準を満たす物件を見つけました。新宿から高速バスで2時間半かけて伊勢崎駅まで行き、そこからレンタル自転車で15分の距離です。

その物件は外観がキレイで、売主は業者さんだったのですが、もともとボロボロの物件を買って再生したという「業者再販物件」でした。利益はある程度、上乗せされていることはわかっていたのですが、オーバーローンで融資が引けて、キャッシュフローが出るのであればOKということで購入を決めました。

2,3,4棟目物件

購入時期：2014年5月

概要：軽量鉄骨　1k　24世帯

利回り：15%

融資：期間27年、固定金利2.2%

月間CF　\235,000

物件のスペックは、小ぶりな軽量鉄骨が3棟一括で、1K×24世帯です。価格は5400万円で、利回り15%。融資期間は27年。当時の金利は4・5%です。今は地元の地銀に借り換えたので、2・2%になっています。

月間キャッシュフローは約23万5000円で、1棟目と合わせると50万円に達します。1～4棟目はキャッシュフローをたくさん生んでくれる物件だったのですが、実際に確定申告して税金を払うと、意外とお金が貯まらないものだ、と税金の知識の無さを痛感しました。

最初は、このときの私のような戦略で買っていけば、2年でキャッシュフロー1000万円も十分可能だと確信していたのですが、大事なことが一つ漏れていたことに気づいたのです。

それは「自己資金」です。

不動産賃貸業において、トラブルや予想外の出費はいつ起きてもおかしくありません。たとえ家賃収入が予定通り入ったとしても、想定以上に税金が取られたり、空室が続いたり、修繕が発生することもあります。「お金が入った！」と油断していると、気づいたときには自己資金がほぼ貯まっていなかったこともよくある話なのです。

私も自己資金がなくなり、次の物件がなかなか買えない状況になりました。ただ、このときはスルガ銀行ならまだまだ買えると思っていました。日本政策金融公庫×1棟、スルガ銀行×2棟、静岡銀行×2棟、ノンバンク×2棟という、何も考えず無理な組み立てで融資先を考えていたのです。

実は、伊勢崎市の3棟一括物件の5400万円も「与信的に難しい」と断られました。私が読んでいた書籍には、「この戦略でキャッシュフロー100万円を得るために、こういう銀行を使っていこう」と書いてあったのに、ここで足止めされたら拡大は諦めなければなりません。

そこで私は一回仕切り直そうと、1棟目の東広島の物件を売却することにしました。2200万円で購入し、残債は2000万強くらいになっていました。そこで利回りを10%ちょっとにして売りに出すことにしました。融資がつけば売れると考えていたのです。

早速いくつかの業者にお願いして売却活動をしたのですが、なんと4000万円弱で売ることができました。つまり、購入価格のほぼ倍で売れたわけです。買い手は大手企業の経営者の方で、株から不動産にお金を変えておきたい理由から現金購入してくださいました。

私も初めての売却だったので、「いったい現金で買う人ってどんな人なんだ?」と驚いたのですが、お会いしたら非常に親しみやすい方で決済も終始穏やかに終わりました。

こうして、高値売却ができたことで、一気に2000万円弱も資金が入ってきました。それまで自己資金がほぼゼロの状況でしたので、不動産投資は上手くやれば儲かる、インカムゲインはそれほどでもないけれど、キャピタルゲインは儲かると強く実感しました。

株よりも安定しているし、リターンが大きい。知識さえあれば、もっとリターンはどんどん上がっていく投資であると思うようになりました。

こうして売却で得た2000万円を元手に、銀行へ融資アプローチを開始しました。するとそれまでとまったく対応が違うのです。会社の規模や知名度は銀行に受けもよかったのですが、自己資金が一切ないわけです。それが、20代で2000万円を持っているとわかると、銀行も対応が少し変わりました。

このころには個人で買うより、法人で買い進めていくべきだという知識も身につき、今後に拡大していくためにも法人で購入していこうと決めていました。そこで、2000万円を元手にして法人で銀行開拓をするようになりました。ここで銀行開拓を必死で行った事がとても大事な行動だったと思います。

自分はどこの金融機関で、どのくらい融資が、どのような条件で引けるのかを明確に理解していました。そのため、買える物件だけを効率的に探せましたし、買付をいれた後も、銀行審査を何度もアタックしているためスムーズに進むことが多くなり、スピード負けするのも少なかったのです。

1棟目の物件を高値で売れたことで、私にはある確信が芽生えました。不動産投資は東京で過熱している。それならば融資さえつく物件なら、たとえ広島の物件でも、1棟目の物件のように、利回り10％くらいで買ってくれるだろうと思ったわけです。

つまり、言い方は悪いのですが、広島で誰も買わないような物件を20％くらいの利回りで割安に購入し、それを融資が付けば利回り10％でも購入する投資家に売って稼げると考えたのです。

こうして私は、地元の広島で割安感があり、東京の投資家でも融資が付きそうな出口の見える物件を狙っていくことになります。

5棟目物件

購入時期：2015年1月
概要：重量鉄骨　1k　20世帯
利回り：17.2%
融資：期間30年、固定金利1.5%

月間CF　\274,000

【5棟目】

5棟目は、1棟目で買った東広島市の物件の隣の隣にある、1K×20世帯の重量鉄骨物件です。

たまたま2500万円で売りに出されているのを見つけました。利回りは17・2％です。1棟目と同じ様に、また4000万円で売れたらいいなと思い、2015年1月に法人で購入しました。この物件以降は、すべて法人で買い進めています。

融資先は地元の地銀や信用金庫、信用組合の事業性融資で

6棟目物件

購入時期：2015年5月

概要：軽量鉄骨　1k　10世帯

利回り：18%

融資：期間30年、固定金利2%

月間CF　\169,000

す。融資戦略については第3章で詳しく解説しましたが、地方の信用金庫や銀行は、都会の金融機関と違い、かなり柔軟に対応してもらいやすいです。耐用年数が切れている物件にもお金を貸してくれたり、諸費用分もオーバーローンを組ませてくれたり、金利を優遇してくれたりします。

この物件は地元の信用金庫に持ち込み、融資期間30年（固定10年）、固定金利1・5%という好条件で融資を受けられました。月間のキャッシュフローは27万4000円。今でも満室稼働しています。

【6棟目】

5棟目で銀行を開拓した際に「まだまだ融資いけますよ」と言われたので、さらに買い進めることになりました。

2015年5月、6棟目となる物件を購入しました。

この辺りから地元の不動産業者との取引も増え、地元しか出回らない非公開物件などもご紹介いただけるようになってきました。実際に6棟目の物件も5棟目をご紹介してくれた業者の担当から、売り出し前にも関わらず、公開前にご紹介いただいた物件でした。

この時から購入スピードもどんどん上がり、月のキャッシュフロー100万円という目標に向けて、どんどん購入していこうと、日々欠かさず物件探しや、不動産業者や銀行も毎月新しいところへ営業をして開拓する日々でした。

6棟目も同じく東広島市の物件で、1K×10世帯の軽量鉄骨物件、物件価格1500万円、利回り18%です。資料をもらうとすぐに買付証明を提出し、その日中に金融機関へ全て資料をFAXで送りました。

翌日、銀行の担当者へ内容を伝えて審査に入ってもらいました。前述したように金融機関を事前に開拓し、把握しきっているからこそ、買付後のスピード勝負にも負けずに本承認を取り、決済まで持っていくことができたのだと思っています。

5棟目と同じ地元の信用金庫だったのですが、融資条件は非常に良く、期間30年、固定金利2%です。小ぶりながらも月間キャッシュフローは17万円弱としっかり稼いでくれる物件となりました。


【7棟目】


7棟目は6棟目と同時くらいに紹介を受けた物件で、6棟目と同月決済で購入しました。

これも地場の業者から紹介いただいたのですが、通常の公開物件でした。今までの物件に比べ

7棟目物件

購入時期：2015年5月

概要：軽量鉄骨　1k　10世帯

利回り：18%

融資：期間30年、固定金利1.5%

月間CF　**\446,000**

て利回りは多少低いですが、規模が大きいため目標まで大きく近づける、それに良い条件で融資を引くことで潤沢なキャッシュフローが望めそうだと購入を決め、紹介してもらってすぐに買付を提出しました。

５５００万円で売りに出ていたのですが、謄本を見ると15年前の購入時に１億２０００万円の抵当が付いている物件でした。業者に話を聞くと５５００万円でも損切りだけど、本業がかなり儲かって利益が出ているので、損切りで赤字をつくってもいいとのことでした。

それならば、どうせ「赤字で儲かってる人なら、できるだけ指値をしよう」と思い、交渉の末、５０００万円の指値をして話をまとめました。

内容は１Ｋ×22世帯、築20年の重量鉄骨物件で、利回りは18％です。５～６棟と同様に、買付と同時に金融機関に融資を持ち込みました。規模も今までより少し大きくなるので、可能な限り良い条件で融資を組むべく地銀２行、信用金庫２行、信用組合１行の合計５行へ本審査に持ち込み、最終的に好条件を出してくれた信用組合で融資を進めることにしました。

融資条件は、期間30年、固定金利1・5％です。キャッシュフローは月40万円以上、ほぼ満室で安定して稼いでくれる、とても優秀な稼ぎ頭の物件になっています。

このとき、私は「良い物件を見つけてくるよりも好条件で融資を付けたほうが儲かる」と考えるようになっていました。融資条件が良ければ、利回りが圧倒的に高くなくても、キャッシュフローがしっかり出ます。

逆に融資条件が悪ければ、いくら良い物件であってもキャッシュフローは出ません。この経験から「とにかく先に銀行をグリップすることが大事」という考え方が強まっていたのです。

■会社をリタイアする

7棟目まで購入した時点で、月間キャッシュフローは150万円まで伸びていました。空室が出ても安定的に100万円は必ず出ます。ここまで規模が大きくなれば、独身の私には十分に生活できるレベルです。そろそろ会社を辞めようと考えました。

それに、このときの私はやりたいことが2つありました。

1つ目は、兄と同じような精神障害を抱えている人が社会復帰できるための施設運営、そして就業支援です。

兄は社会に出ようと必死に努力をしていましたが、それが果たされず自ら命を断ってしまいました。もしもあのときに受け入れてくれる社会があったら、兄を救えたかもしれない。同じような人をこれ以上増やしたくないため私に何ができるのか。そう模索したのです。

考えた末、精神障害を抱えた人が、「働きたい！」と望んだときに受け入れられる環境を提供し、その方々と施設をマッチングしたいと考えるようになりました。

私はもともと人材紹介業界で採用支援もしていたので、人事採用の知識はありますし、その後は不動産の知識も得たので施設運営ができます。これまで培ってきた知識や経験が活かせると確信しました。

2つ目は、不動産投資で人生を変えたい人のサポートです。

私自身、兄を亡くし両親を助けたいという想いから、不動産投資をはじめ、人生が大きく変わりました。不動産投資には人生を変える力がある。その恩恵を受ける人を、一人でも多くしたい。そう考えるようになったのです。

この2つで起業をしようと思い、私は会社を辞めることにしました。

すでにキャッシュフローは会社員以上に得ていたので、リタイアすることへの不安はありません。ただ、辞める前にできるだけ融資を組もうと思いました。

【8棟目】

2015年9月に会社を辞めることが、同年の春から決まっていましたので、最後に住宅ローンを使いました。銀行からは「事業性融資と今の手元資金を考えると、会社を辞めても法人でまだ融資させていただきますよ」と言われたので、まだ使っていなかった住宅ローンを選んだのです。

住宅ローンは事業用ローンと違い、低金利・長期で組めて税制優遇もついた、1人に1枚与えられた割引チケットのようなものだと考えています。私は独身なので過度なマイホームはそこまで必要ではありませんでした。戸建や区分ではなく、キャッシュフローが入る賃貸併用住宅に興味を持ちました。

結果として、このときから始めた賃貸併用住宅への投資は、今の会社の事業の核を担うことになります(賃貸併用を用いた投資法は第5章にて詳しく説明させていただきます)。

ただ、私はそれまで地方・中古・2%前後の高利回りの物件を探していたわけで、新築にはまったく興味がありませんでした。それで中古の賃貸併用住宅を探しました。

しかし実際に探してみると物件価格がかなり高いのです。なぜこれほどまでに高額なんだろうと考えてみた結果、需給バランスに歪みがあるという仮説にたどり着きました。

10年くらい前までは店舗併用住宅は多かったのですが、賃貸と自宅を併用している物件は少なかったのです。それが大手メーカーの進出もあり、一般から注目されるようなった結果、欲しい人が増えたけれど物件が足りない状況になり、どんどん価格が高騰したのではないかと推測するようになりました。

当時は、『楽待』や『健美家』などを見ていましたが、都内だと利回り3~4%でした。いったい誰が買うのだろうと不思議でしたが、実際に不動産業者さんに聞くと、3%でも売れている成約事例があるのです。

ここで私は発想の転換をしました。これだけ需給バランスが崩れているのなら、自分で新築を建てて、そこに数年住んでから売却すれば、大きな利益が出るのではないかと。過去の体験として売却が、いかに儲かるかを体験していたのが大きかったと思います。

8棟目物件

購入時期：2015年7月

概要：新築賃貸併用住宅　1k　5戸、1SLDK　1戸

利回り：9.9%

融資：期間35年、固定金利2.9%

月間CF　\350,000

このような経緯から、私は新築の賃貸併用住宅を建てることになりました。建売ではなく、最初の段階から関わって建てたのです。

くどいようですが、不動産も料理と同じです。上流工程から自分が携われば携わるほど、原価を抑えることができます。土地の仕入れから建物設計、工務店を探して実際に建てるまでに、それぞれ中間業者がいてマージンが上乗せされています。とりわけ新築の建売物件の場合は顕著にその傾向が強いのです。

ですから自分で土地から探して、設計し、工務店を探して建てれば、当然割安になります。

この「土地から探す賃貸併用住宅」というのは、今私たちの会社が行なっている主力事業なのですが、非常にオススメの投資

法といえます。詳細は第5章で解説しますので、ここでは概要のみお話しましょう。

私は、東京都大田区久が原というエリアに土地を買って、賃貸併用住宅を建てることになりました。久が原は大田区の3大高級住宅街（田園調布、久が原、山王）に含まれるエリアです。羽田空港で勤務する人や、経営者や芸能人も多く住む閑静な住宅街です。

私が建てた物件は木造の3階建て、1K×5部屋で、自宅部分が1SLDKで80平米くらいある全6世帯のアパートです。利回りは全室賃貸に出したとして9・9％です。

大田区の久が原エリアで新築の建売だと、この数字はまずありえないです。それでも土地から探して、先ほど例えた料理のように自分で上流から携わってつくることで、このくらいの利回りを狙えます。

融資条件は期間35年、固定金利で2・9％。月のキャッシュフローは35万円です。ただし、この金額は自宅も貸した場合の想定として書いています。実際には自宅として住んでいるので、この通りではありませんが、それでも好条件の物件だと思います。

この8棟目までの物件が、会社員時代に購入したものです。8棟目を無事購入できたことで、晴れて2015年9月に会社を辞めることができました。

■時間とお金を投資して、手取りで億を稼ぐ次のステージへ

ここから年間収入2億円までに達するまでの、私の展開を簡単にご説明しましょう。

第1フェーズは、少ない自己資金で不動産投資を開始しました。前にも書いた通り、私はほぼゼロに等しい自己資金からスタートしました。

第2フェーズでは、不動産投資を継続拡大していきつつ、第1フェーズを通してできた余剰資金１００万円を複利で運用していきます。株式投資や権利収入をはじめとした、様々な副業にチャレンジします。本書で具体的には紹介しませんが、不動産以外のハイリスク・ハイリターンな投資も含まれます。

また、私は勤務していたＩＴ系の会社でインターネットサービスの新規立ち上げや運営、新規なども経験があったので、不動産投資で得た資金と時間を利用し副業としてインターネットサービスの事業を運営していました。

そして、会社を退職した後は、不動産投資サポートをするコンサルティングでも、収入を得ていました。

これらの副業をすることによって、不動産投資と合わせたキャッシュフローが一気に伸びました。30歳のとき、トータルで月間３００万円ほど手取りがありました。

第3フェーズは、自身で「事業を興し、起業する」という事です。時間とお金を不動産投資で得た後の起業は、上手くいけば爆発的な収入になる可能性が高いです。このフェーズになると、時間とお金に余裕が出てきますので、あとは新しい分野、やりたかった事に挑戦するだけです。

私は、前に書いた「土地から探す賃貸併用住宅」をはじめ、様々な不動産投資コンサルティング事業を展開するNSアセットマネジメントを立ち上げました。不動産投資を始めたころから、友人だった薩摩と一緒に共同創業した会社です。また、IT系の知識を生かして、ストックビジネスとなるITサービスも複数立ち上げました。加えて、兄の死を通じて関心が高まった精神障害を抱える人のための社会復帰施設の運営や、就業支援を行う会社も新しく立ち上げることとなり、他に投資している会社も含め、現在は合計6社の会社経営に携わっています。

このように不動産投資で得た時間とお金を軸に、実業家として起業をしたり経営していくことで、収入ステージはさらに上がっていきます。

また、会社を辞めたあとも、私は不動産の売買、とくに今年は売却を繰り返しました。ここまで繰り返しお伝えしてきたとおり、不動産投資で最も旨味があるのは売却だからです。このフェーズになったことで、31歳の時点で月間1000万円くらいの収入を得るようになりました。

どんな分野で起業するのかということは、人によって関心や能力、経験により差はありますので、各人がじっくり決めればいいと思います。しかしながら、金儲けのためではなく、「やりたい」と思うことを大事にして欲しいと思っています。不動産投資を行う意味を、「やりたいことを実現するためのツール」として考えてほしいのです。

ここからは第4フェーズです。

ちょうど今の私がここにいます。それまで運営していた事業は人も増やさず「自分と家族が生きていければいい」と考えていたのですが、そこに社会的な意義を加えて考えるのです。

たとえば、不動産投資のサポート事業であれば、私のように若くして会社を辞めて起業したいという、強い想いを持った人をいかに増やしていくかを常に心がけています。そういった若い世代を増やすことで、経済が活性化するのと同時に、日本人のお金に対するリテラシーもどんどん向上します。

つまり、自分と顧客だけがハッピーになるだけでなく、もっと俯瞰的な視点で「社会がハッピーになる」という視点で経営に向き合うのです。

第4フェーズは、実業家として事業展開した会社を成長させ、社会にインパクトを与える存在に導きます。私の会社も今は社員を雇い、不動産投資で会社を辞められる人をどれだけ増やせるかということを大事にしています。この1年間で大きく成長できたことで、気づけば私の月間収入は2000万円まで伸びました。年間で、税引き前で2億円を超える報酬になっています。

ここまで全4つのフェーズについて解説しましたが、やはりもっとも難易度が高いのは「第1フェーズ」であり、「不動産投資で0から1をつくる」というところです。本書では第2~4フェーズについては深く掘り下げていませんが、最も大事でありハードルが高い第1フェーズについて細かく説明しています。何事もゼロからイチをつくるところが一番大変です。第1フェーズを不動産投資でつくるには、最初はとても大変に感じるでしょう。

不動産投資は正しい知識さえ持っていれば、上手に拡大していくことも、難しくはありません。キャッシュフロー100万円という目標も、いざ達成してしまえば非常に簡単に感じてしまいます。そこまで到達された方であれば、よりもっと高みを目指して成功することも難しいことではないと思います。

私も不動産投資をはじめ、このキャッシュフローの軸があったからこそ、その時間とお金を生かし、自身の成長フェーズをあげられました。「皆さまのやりたいこと」を実現させるためにも、ぜひ不動産投資で安定したキャッシュフローをつくって夢を叶えていただきたいと思っています。

おわりに

最後まで読んでいただき、ありがとうございます。私の投資法や賃貸経営に関する歪みの取り方など、ご興味を持って読んでいただけたのではないでしょうか。

私が不動産投資を始めて4年が経過しようとしています。全く貯金がないところからスタートし、純資産で数億円規模になり、家賃からのキャッシュフローも数千万円、その他事業を含め年間収入も2億円を超えるところまで拡大しました。

最初の物件を買ってから1年半で会社を辞めて、その後はやりたいことを事業にし、自由な生活を送りながらも、やりがいのある充実した生活を送っています。大好きなものをいつでも食べられるようになりましたし、満員電車にも乗らず、移動はどこでもタクシーでいけるようになりました。私にとっては、とてもストレスのない幸せな毎日です。

私は不動産投資によって、時間とお金に関する自由を得たわけですが、自分の人生を賭けてやりたいと思っていることが2つあります。これは第5章の「不動産投資で得たもので何をしたいのか」にも通じますが、私はこれを強く持っていたからこそ、ここまで頑張れたのだと自負しております。

1つ目は、障害者向けの就業支援や、社会復帰施設の事業です。

第1章でお話ししたとおり、私は4年前に兄を亡くしています。誰もが全く想定しない死だったので、父も母も泣き崩れました。私はそのとき、30年間生きてきて、初めて母親が声を出して泣いている姿を見ました。

それがきっかけで、私は3ヶ月間の休職をしました。このまま私だけが東京に戻ったら、父も母も兄のあとを追うんじゃないかと思ったからです。

それまでの人生で、「なんとなく将来は独立ができたらいいな」「社長になれたらかっこいいな」と、起業思考は多少あったものの、「何をやりたいのか？」は明確ではなく、安易にお金を稼ぎたいと曖昧なことしか考えていませんでした。

そんな私が休職している3ヶ月で、自分の人生を深く考え抜きました。本当に人なんていつ死ぬかわからない、私だって明日死ぬことだってある、このあとの人生で「自分は本当に何をしたいのか？」残りの人生、時間とお金をかけて、「何をやるべきだろうか？」と、毎日のように自問し続けました。このとき決めたことがあります。兄のように自ら命を絶つ方を1人でも減らしたい、私や両親のように落ち込んだ人による、二次被害を減らし助ける活動をしたい、と。

ただ、そのためにはお金も時間も必要です。そして自身も自由であり、余裕が必要であると。そこで、当時勉強し始めていたのが不動産投資です。「これしかない！」と、がむしゃらに不動産投資で基盤づくりをしようと決意したのです。

その気持ちが強かったから、会社を辞めるまでの1年半、死ぬ気で、本気で、頑張れたわけです。

加えて、自分が不動産投資で人生を変えることができたので、自分と同じ気持ちを持った人たちのサポートをして、不動産投資で成功する人を1人でも増やしたいと思うようになりました。そういった思いもあり、NSアセットマネジメントという会社を立ち上げました。

不動産投資で成功するためには、行動やモチベーションの維持がとても大事です。逆に言えば、確固たる意志（目標）を持つことができれば、成功することは難しくないということです。

恐らく「不動産投資で稼げるようになって会社を辞めたい」と無目的に思っている人は、頑張る気力が続かないと思います。だからこそ、「不動産投資を得たもので、これをしたい！」と明確にしていただきたいのです。

たとえば家族のため、子どものため、もちろん自分のためという方もいるでしょうし、理由は人それぞれでしょう。「不動産投資で金儲けして、フェラーリに乗りたい！」「タワーマンションに住みたい！」という欲のために取り組んでいる方は、実はあまりいないと思っています。それらは後から付いてくるオマケみたいなものです。

多くの人が勘違いしているのですが、不動産投資で会社を辞めても、何もやることがなければ、お金があってもまったく楽しくありません。私も会社を辞めたあと、折角だからと、半年くらいは海外旅行に行っていたことがありました。

しかしながら、これが全然面白くなかったのです（笑）。

なぜかと考えてみると、海外旅行で思い出に残ることの大半は、現地の方とのコミュニケーションだったり、物が盗まれたとか、事故やトラブル、もしくは苦労した体験なわけです。

しかし、これが会社をリタイアして、海外に行くと、金銭的余裕があるので、移動はほとんどタクシーですし、グレードの高いホテルに泊まりたくなります。すると、現地の人との摩擦が減って、リラックスはできるのですが海外旅行ならではの刺激がなくなり、これが私にとっては面白くなかったのです(笑)。

これが忙しい会社員時代だと、たとえばゴールデンウイークに3泊5日で海外に行くと、細かく計画を立てて観光地を回ります。しかし今は時間の余裕もあるので、海外にいても無理してどこかに行くこともなくなります。日本にいるときと同じように昼くらいまで寝て、起きて夜はまたどこかに飲みに行く……せっかく海外に来ているのに変化を感じられなくなってくるのです。

結局、私は半年間でゆっくり旅行しようと思って海外に出たのですが、途中で飽きてしまい1ヶ月で帰国しました。「つまらん(笑)。自分は仕事をしないとダメだ」と思って、帰国後は仕事をしていました。

「リタイア」という言葉が不動産投資とセットになって語られることが多いですが、これは50〜60代くらいの、すでに十分すぎるほど働いて社会に貢献した人たちが考えるべきことだと思います。20〜40代であれば、まだまだエネルギーがしっかり残っているはずです。仕事を継続していないと、腐ってしまう人はたくさんいると思います。まずは不動産投資で得た収入や時間で「何をやりたいのか?」「本当は何をしたいのか?」を明確にしてください。

人生は一度きりです。あなたの人生。本当は何をしたいですか？

不動産投資はそれを実現するためのツールでしかありません。「不動産投資で会社を辞めることがゴール」ではないのです。

不動産投資は誰にでも再現性が高く、普通の会社員にとっては、本当に夢のある投資です。まだまだ胡散くさいイメージもありますが、私は数ある投資や事業の中でも、不動産投資だけは頑張れば誰でもできる投資法だと確信しています。

ですから本書を読んでくださった皆さまには、新たな目標のために不動産投資へ積極的に取り組んでいただくことを強くオススメしたいと思います。

この書籍を読んでいただき、「不動産投資で人生が変わった」「一歩踏み出すきっかけになった」「不動産投資でやりたいことができるようになった」と思っていただける方が1人でも多く増えることを望んでいます。また、同時に悪徳不動産業者やコンサルタントに騙される人が少しでも減ることを切に願っております。

最後になりますが、この場を借りてお世話になった皆様へ御礼申し上げたいと思います。

私が不動産投資を始めるきっかけになった、ディー・エヌ・エー時代の同僚Oくん、Mさん、休職を相談した際に、理解ある対応で親身に受け入れてくださった元上司のSさん、休職復帰後も楽しく仕事をさせていただき、今は同じ経営者としていつでも気軽に相談でき、友人でもあるKさん始め同僚の皆さん、本当に有難う御座いました。

また、この本の出版に尽力してくださった、インプルーブの小山睦男さん、小山さんをご紹介いただいた不動産投資家の生形大さん、執筆に関して熱心なアドバイスをくれ細かいところまで優しくサポートしてくれたNさん、編集ライターの布施さんを始め本書出版に関わってくださった皆様、本当にお世話になりました。

不動産投資で会社を辞めた後に、一緒に事業を立ち上げた共同創業者の薩摩くん、株式会社NSアセットマネジメントのメンバーの皆様、取引先の皆様、お客様、私一人の力では、到底ここまで来ることはできませんでした。皆様の常日頃のお力添えがあっての結果です。

最後に、4年前諦めずに頑張ろうとモチベーションを維持し、私の人生を急変させてくれた、天国にいるお兄ちゃんを始め、父、母、妹、藤山家の皆様、大切な家族があってこそ、今の私が存在しています。本当にありがとうございます。たくさんの方々に支えられて、ここまで来ることができました。

不動産投資業界はとても狭い業界です。またどこかでお会いすることもあるかと思います。

私を見かけた際は、ぜひ遠慮なくお声がけいただければと思います。また、本書に限らず、個別面談や私のセミナーなどでも、皆さまと直接お会いできることを楽しみにお待ちしております。

2018年2月吉日

藤山 大二郎

期間限定

本書を読み終わったあなたへ

無料特典プレゼントのお知らせ

本書をご愛読いただいた方限定で、豪華特典を無料プレゼントさせていただきます。

本書で触れられなかったマル秘情報はもちろん、今年一番気になる融資についての特別インタビュー記事も無料でプレゼントしちゃいます。

① 元メガバンク融資責任者に聞く、
2018年融資市況の特別インタビュー記事PDF

② 「個人アパートローンではなく事業性融資で拡大する方法」解説レポート

③ 私が利用する物件見学時の物件チェック項目シート

★無料プレゼントの受け取り方法★

著者・藤山大二郎とLINE友達になるだけ！

★スマホやネットでLINEを開いて「友達検索」で以下をID検索
★友達登録後、「書籍特典」とLINEにコメントください！

@d-fujiyama

★または右のQRコードを読み込んでください。
(https://line.me/R/ti/p/%40ivd9842j)

※なお、この無料特典プレゼントは、
2018年8月31日までの期間限定です。

藤山 大二郎（ふじやま・だいじろう）
株式会社NSアセットマネジメント 代表取締役
大学卒業後、大手人材系企業へ入社。1年目から全社トップの営業成績を残し、24歳にしてインドネシア現地法人に勤務。その後、大手IT企業2社にてECコンサルティング業務、webマーケティング業務、新規ビジネス事業開発などに従事し30歳で会社を退職し独立。
28歳より不動産投資の仕組みに気付き勉強を開始。そこから僅か1年半で、地方一棟物マンション／アパートを中心に8棟100世帯を購入。家賃収入は4000万を超える。2015年9月に会社員をリタイアし独立。
現在、6社の会社経営に携わり複数事業の収入も含め年間2億以上の収入を稼ぐ。自身も一投資家として活動しつつ、「誤った不動産投資をさせない」をモットーに、株式会社NSアセットマネジメントを設立。不動産投資に限らず、株式投資、海外資産運用、事業投資、暗号通貨などにも深い知見を持つ。

20代《だい》で億《おく》を稼《かせ》ぐ！
～自己資金ゼロの私が、１年半で年収２億を達成した不動産投資戦略～

2018年３月１日　初版発行
2018年３月30日　３刷発行

著者　藤山　大二郎
発行者　常塚　嘉明
発行所　株式会社　ぱる出版

〒160-0011　東京都新宿区若葉1-9-16
03(3353)2835―代表　03(3353)2826―FAX
03(3353)3679―編集
振替　東京 00100-3-131586
印刷・製本　中央精版印刷(株)

ISBN978-4-8272-1107-8 C0033